처음 읽는
미디어 리터러시

처음 읽는 미디어 리터러시

신문·방송부터 유튜브·소셜미디어까지
물타기 뉴스부터 여론조사 뉴스까지

초판 1쇄 발행 2021년 11월 1일
초판 3쇄 발행 2023년 5월 1일

지은이 | 홍재원
펴낸곳 | (주)태학사
등록 | 제406-2020-000008호
주소 | 경기도 파주시 광인사길 217
전화 | 031-955-7580
전송 | 031-955-0910
전자우편 | thspub@daum.net
홈페이지 | www.thaehaksa.com

편집 | 조윤형 여미숙 김선정
디자인 | 이영아
마케팅 | 김일신
경영지원 | 김영지

값 14,500원
ISBN 979-11-6810-018-3 03300

책임편집 | 김선정
디자인 | 한지아

신문·방송부터 유튜브·소셜미디어까지
물타기 뉴스부터 여론조사 뉴스까지

홍재원 지음

처음 읽는
미디어
리터러시

태학사

서문

가벼운 마음으로 시작했지만 가볍지 않은 내용이 됐습니다. 이 책을 보고 누군가는 유익한 정보를 챙길 수 있겠지만, 누군가는 마음이 불편할 수도 있을 것 같아 송구합니다.

그렇다 하더라도 꼭 써야 한다고 생각했습니다. 지금 미디어에서 어떤 일이 벌어지고 있는지 말입니다. 미디어는 본질적으로 어떤 역할을 맡고 있는지, 어떤 취약점을 갖고 있는지 말입니다. 또 뉴스 소비자들이 일상에서 어떤 지식과 관점을 가지고 뉴스를 대하면 도움이 될지 말입니다. 그래야 뉴스가 제대로 보이기 때문입니다.

미디어 교육(미디어 리터러시 교육)에 대해서는 주로 두 갈래에서 접근하는 듯합니다. 하나는 미디어학 쪽이며, 또 하나는 교육(학) 쪽에서 미디어 리터러시를 다루고 있어요. 이 책은 미디어학 쪽에서 접근하는 방식에 가깝습니다. 그러나 학계에서 접근하기 어려워하는 미디어 현장의 현실을 담았다는 점에서 기존의 책과 차별점이 있다고 봅니다.

미디어를 전공하는 대학생만이 아니라 비전공 대학생을 포함한 일반인이 읽어도 쉽게 이해되고 유익하다고 느낄 수 있도록 꾸몄습니다. 또 교육학계나 교육 현장에서도 참고할 수 있다고 봅니다. 전체적으로 중학교 3학년 학생 이상이면 이 책의 내용을 이해하기 어렵지 않을 거라고 생각합니다. 내용상으로는 미디어의 핵심 콘텐츠이자 사회에 막대한 영향을 끼치는 '뉴스'를 집중적으로 다룹니다.

'미디어 리터러시'라는 건 상당히 포괄적인 개념이지요. 미디어를 어떻게 보고 이해할 것인지에 관한 모든 것이라 할 수 있습니다. 그렇지만 지금까지 흐름은 "미디어의 고차적인 활용보다는 사회과 학습과 관련한 어떤 정보를 얻기 위해 또는 '교수·학습의 효율성을 높이기 위해' 신문, 방송, 인터넷 등을 살펴보는 수준의 문장이 반복적으로 제시되고 있다"는 설규주 경인교대 교수의 문제의식에 동의합니다. 정작 핵심인 뉴스와 미디어의 본질에 대해서는 제대로 다루지 못하고 있다는 현실 인식에서, 시작하는 자의 마음으로 부족한 내용이나마 서술해봤습니다.

제1부는 일종의 '기본편'입니다. 미디어의 역할은 원래 무엇인지, 신문과 방송이 취약한 지점은 어디인지, 보수와 진보로 미디어가 갈리는 이유는 무엇인지, 포털 사이트 등으로 거의 일원화되고

있는 뉴스 소비 구조는 왜 생겼으며 여기엔 어떤 문제가 있는지, 유튜브가 뉴스 소비의 주된 통로로 이용되는 현상엔 어떤 유의점이 있는지 등을 짚었습니다. 이런 부분은 한국 사회에 쏟아지는 뉴스를 이해하기 위해서는 반드시 알아야 할, 리터러시의 기본 재료와도 같은 내용입니다.

여기엔 한국의 주요 미디어 관계자들이 보기에 불편한 얘기도 섞여 있을지 모릅니다. 그러나 책 전체를 보면 알 수 있겠지만 미디어를 '적'이나 '악'으로 규정하지는 않습니다. 다만 미디어가 본연의 장점을 최대한 살리고 각자의 현실적인 취약점은 극복해야 한다는 공론의 차원에서 이야기하는 것입니다. 넓은 마음으로 이해해주시면 감사하겠습니다.

제2부는 '실전편'이라고 불러도 무방합니다. 아주 많은 뉴스들을 몇 가지 유형별로 분류해 각 유형의 뉴스를 볼 때 유의해야 할 지점들을 짚어보았습니다. 좌우를 막론하고 이뤄지는 권력의 물타기 뉴스, 요즘 이슈로 떠오른 검찰발 뉴스, 미디어가 즐겨 쓰는 익명 뉴스, 그리고 큰 선거를 앞둔 시점인 만큼 여론조사 뉴스도 다뤘습니다. 여기에 21세기의 특징이라 할 수 있고 전통적인 미디어도 '헤매고 있는' 인터넷 뉴스, 한국 사회는 물론 전세계에서 논란이 되고 있는 '가짜뉴스'에 대해서도 따로 다뤘으며, 언론의 책임과 관련해 미디어에 대한 소송을 어떻게 봐야 할지 참고할 만한 내용도 추가했습니다. 여러분이 일상에서 뉴스를 볼 때 많은 도움을 줄 수 있는 내용이라고 믿습니다.

책을 쓰면서 최대한 객관적으로 쓰려 했어요. 김훈 작가는 소설《남한산성》서문에 "나는 아무 편도 아니다. 나는 다만 고통 받는 자들의 편"이라고 써놓았습니다. 이 책을 쓰는 기자인 나 또한 아무 편도 아닙니다. 다만 권력을 감시·비판하는 자들의 편일 뿐이죠. 권력에 대한 감시·비판이야말로 민주사회의 핵심 요소 중 하나이기 때문입니다.

지독하게 무더운 여름 이 책을 썼지만, 선풍기가 돌아가는 작은 사무실이 있다는 점에 감사합니다. 사랑하는 아내와 아이, 부모·형제가 있음에 감사합니다. "잘 지내는 거지?" 걱정해주는 선배·동료·친구들에게 감사합니다. 이 책을 펼친 당신에게 감사합니다.

들어가며: 왜 '미디어 리터러시'인가

여러분은 뉴스를 보나요? 필요한 정보가 있으면 어디에서 찾나요? 원하는 정보를 제대로 잘 찾아서 잘 읽고 잘 활용하나요?

요즘 '미디어 리터러시'란 말이 많이 등장합니다. 물론 처음 듣는 사람도 있을 거예요. 아주 유명한 말은 아니었는데 최근에 그 중요성이 강조되면서 많이 쓰이는 용어입니다.

미디어 리터러시란 무엇을 뜻할까요? '리터러시(literacy)'의 사전적 의미는 '글을 읽고 쓸 수 있는 능력'입니다. 즉 미디어 리터러시란 '다양한 매체를 이해할 수 있는 능력'이며, 보다 넓게는 '다양한 형태의 메시지에 접근하여 메시지를 분석하고 평가하고 의사소통할 수 있는 능력'을 의미합니다.

전문가들은 단순히 미디어의 내용을 습득하는 능력이 아니라, 미디어를 비판적으로 수용하는 능력까지 포괄하는 개념으로 미디어 리터러시를 규정해요. 기존에는 미디어를 받아들이는 과정을 얘기할 때, 그릇되고 유해한 정보를 거르는 것처럼 '미디어로부터의 보호'를 강조하는 방향이었다면, 최근에는 스마트폰 대중화 등으로 온라인 네트워크가 활발해지고 새로운 미디어가 생활 속에 자리 잡으면서 이런 환경과 상호작용하고 미디어의 변화에 능동적으로 대응하는 능력을 키워야 한다는 의식이 커지고 있습니다.

더 나아가 미디어는 늘 우리를 둘러싸고 있으면서 정보를 제공하므로, 이를 어떻게 받아들이고 상호작용하느냐가 민주시민의 자질과 연결된다고도 합니다. 설규주 경인교대 교수는 〈사회과 교육 과정 속 미디어 리터러시 관련 내용 분석〉이라는 논문에서 "미디어 리터러시는 비판적 사고, 창의적 사고, 문제해결, 의사결정, 의사소통, 협업, 정보 활용 등과 같은 사회과의 교과 역량과 밀접한 관계를 가지는 시민교육적 소재"라고 말했지요.

미디어의 홍수, 리터러시(이해력)는 필수

그러면 요즘 미디어 리터러시란 말이 왜 급부상했을까요? 이걸 알아야 다음 얘기를 함께 생각해볼 수 있을 듯합니다.

미디어 리터러시란 말은 매우 포괄적인 뜻을 지닐 수밖에 없습니다. 어린이가 어떻게 스마트폰이나 PC를 이용해 정보를 얻을 수 있는지 기초적이고 기술적인 내용을 알려주거나 유해한 내용을 피하도록 조언해주는 부분, 사람들이 여러 영상물을 볼 때 어떤 메시지를 효과적으로 얻을 수 있는지와 같은 생활 연계형 정보 취득 부분, 나아가 장년층 등 정보 취약계층에게 앱을 설치하고 인터넷 검색하는 법을 가르쳐주는 것까지 미디어 리터러시라고 부르지 않을 이유가 없겠죠.

그렇지만 최근 사회에서 특히 강조되고 있는 건 미디어에서 쏟아지고 있는 무수한 정보를 능동적으로 이해하고 수용하는 방법으로서의 미디어 리터러시입니다.

네트워크 세상 이전엔 TV에 나오는 방송과 각 가정에 배달되는 신문 정도가 정보 습득의 유일한 창구였어요. 방송 뉴스 하나, 신문 하나 정도 보는 게 일반적이었죠.

그런데 요즘은 그렇지 않다는 걸 여러분이 더 잘 알 겁니다. 방송 채널도 엄청나게 많아졌고, 신문 기사는 네이버나 다음 같은 포털을 통해 홍수처럼 쏟아집니다. 여기에 유튜브나 블로그, SNS 같은 정보 플랫폼도 생겨나 언론 이외의 통로로도 뉴스를 많이 접할 수 있습니다.

이렇게 되니 미디어 콘텐츠, 특히 뉴스를 어떻게 받아들일 것인가가 점점 중요해지고 있어요. 물론 곧이곧대로 수용할 수도 있습니다만, 미디어를 잘 알고 여러 생각이나 고민을 하면서 뉴스를 보면 더 유익하게 활용할 수도 있을 겁니다.

미디어가 생산하는 뉴스는 세상을 보는 창입니다. 그러나 엄밀히 말하면 뉴스를 포함한 모든 글이나 제작물에 '객관'은 존재할 수 없습니다. 사람이 하는 일이기 때문이에요. 뉴스를 둘러싼 맥락까지 파악하는 능력을 갖추고 있다면, 세상을 보는 창뿐 아니라 망원경까지 얻은 셈이라 할 수 있을 겁니다.

예를 들어보죠. 이재용 삼성전자 부회장이 뇌물죄로 구속 수감되어 있을 때 나온 한 기사를 소개합니다. 이하경 《중앙일보》 주필은 2021년 4월 〈이재용 부회장에게 나라 위해 기여할 기회를 주자〉란 칼럼에서 사면론을 펼쳤습니다. 한번 볼까요.

삼성전자(21%)는 20조 원 규모의 미국 파운드리 공장 증설 계획도 확정 짓지 못하고 있다. 리더십 부재로 자칫하면 시장과 기술을 모두 잃을 수 있다. 그때는 중국이 우리를 속국으로 취급할 것이다. 그래도 좋은가. 한국 경제에 불이 났다면 비상구가 필요하다. 이 부회장이 사면·복권돼 경영 일선에 복귀하는 게 최선의 해법이다. 그래야 '총성 없는 전쟁'에서 이길 수 있다. (…) '재벌 3세 이재용'에게 특혜를 주자는 것이 아니다. 허물을 없었던 것으로 하자는 것도 아니다. 그가 국가를 위해 글로벌 역량을 발휘할 기회를 주자는 것이다. (…) 이 부회장은 승계 과정에서의 허물로 실형을 선고받았다. "제 아이들에게 경영권을 물려주지 않겠다"고 약속했다. 말 그대로 준법경영을 실천하는 중이다. 어떤 뜨거운 맹세와 가혹한 징벌이 더 필요할까. 문 대통령은 2년 전 삼성전자 공장에 가서 "2030년까지 시스템반도체 파운드리 분야에서 세계 1위를 달성할 수 있도록 모든 지원을 아끼지 않겠다"며 이 부회장의 등을 두드렸다. 약속을 지키려면 그를 사면·복권하면 된다.

사실《중앙일보》뿐만이 아니라 거의 모든 신문이 이재용 사면론을 쏟아냈어요. KBS의 분석에 따르면, '이재용 사면'을 키워드로 검색해봤을 때 4월 14일부터 5월 12일까지 한 달이 채 안 되는 기간 동안 9개 종합일간지와 4개 경제지 등 13개 미디어에서 약 540건의 기사가 나왔으며, 이 가운데 이재용 사면을 직접 다룬 기사도 약 300건에 달했다고 합니다.

이재용 사면을 촉구하는 기사는 생각해볼 지점이 많습니다. 물론 삼성전자의 경쟁력은 현실적으로 국가 경제와도 무관치 않아요. 기업의 의사결정이나 경영에 총수의 역할도 어느 정도 있을 것입니다. 앞선 칼럼의 주장은 충분히 거론될 수 있는 내용이란 뜻입니다.

그러나 기사에서 말하는 그대로 '재벌 총수의 사면이 필요하지'라고 생각하고 받아들이는 것과, '이런 기사가 나오는 데는 뭔가 있는 것 아냐?'라고 다시 한번 생각해보는 것은 다릅니다. 이재용 사면이 우리 경제에 주는 긍정적인 측면 뒤에, 신문들이 왜 삼성 총수의 석방을 일제히 말하는지 정말 아무런 뒷사정도 없을까요? 삼성과 언론 사이에 오가는 이익은 없을까요? 또는 이해 충돌이라 부를 만한 지점은 없을까요? 뒤에서 보겠지만, 언론들이 하나같이 이재용 부회장의 사면을 촉구하는 데는 분명한 이해관계가 있습니다.

뉴스에 관한 그런 깊숙한 지식이 쌓이면 여러분이 뉴스를 볼 때 받아들일 건 받아들이더라도 더 풍성한 시선으로 내용을 이해할 수 있을 것입니다. 쏟아지는 뉴스를 현명하게 수용하는 시청자 또는 독자로 발전할 수 있을 것입니다. 미디어를 그대로 받아들이고 그 속에 담긴 정보 파악에 그치는 것과, 미디어를 입체적으로 알고 비판적으로 바라보는 것은 개별적 수용자에게뿐 아니라 한 사회의 정보 역량이나 집단 사고력·판단력에 큰 차이를 만들 수 있을 겁니다.

학교에서 '미디어 리터러시'를 가르치게 될까

미디어 리터러시의 중요성이 떠오르면서 정부 차원에서도 관련 교육을 법제화하려고 하고 있습니다. 그것이 최근 미디어 리터러시 개념이 주목받기 시작한 실질적인 계기이기도 하지요.

2018년 당시 국회 교육위원으로 있던 유은혜 의원은 '미디어 교육 활성화에 관한 법률' 제정안을 발의하고 5월 공청회를 개최합니다. 그런데 유은혜 의원이 그해 10월 교육부 장관(사회부총리)으로 임명되면서 교육 관련한 이 법안은 사실상 교육부(정부) 안과 다름없어집니다.

이 법안의 핵심은, 국무총리실 산하에 미디어교육위원회를 설치하고 여기에서 미디어 관련 교육을 진행한다는 것입니다. 정부와 지자체가 예산을 써서 사실상 미디어 관련 교육을 의무적으로 실시하도록 하자는 거죠.

그럼 이 법에서 의미하는 '미디어'란 뭘까요? 이 법의 제2조는 미디어를 기존 법률상에 명시된 뉴스통신, 방송, 신문, 인터넷뉴스 서비스, 정기간행물 등으로 정의했습니다. 즉 전통적인 의미에서 우리가 생각하는 뉴스를 만드는 '언론'을 염두에 두고 만든 법이란 걸 알 수 있어요. 물론 '그 밖에 정보나 의견을 전달하기 위하여 사용되는 도구 또는 수단으로 대통령령으로 정하는 것'도 있으니, 법 개정 없이 유튜브나 SNS 같은 네트워크 플랫폼을 활용한 여러 상업 채널도 미디어로 포괄할 가능성을 열어두었습니다. 하지만 전통적인 언론 관련한 내용이 미디어 교육 대상인 것만은 분명해 보입니다.

그럼 이런 미디어(언론) 관련해 뭘 교육한다는 뜻일까요? 같은 조항에 이렇게 돼 있어요.

> '미디어 교육'이란 미디어와 미디어를 통하여 전달되는 정보와 내용물에 대한 접근능력, 비판적 이해능력, 창의적 활용능력과 민주적 소통능력을 증진시켜 국민의 시민의식을 함양하고 미디어를 통한 사회참여를 활성화하기 위한 모든 형태의 교육을 말한다.

위 정의에 따르면 미디어 교육은 ① 미디어(콘텐츠)에 대한 접근, ② 비판적 이해, ③ 이를 창의적으로 활용하는 능력, ④ 이를 통해 민주적으로 소통하는 능력 등을 교육하는 것입니다. 수차례 공청회 과정에서 전문가들은 '⑤ 미디어 본질에 대한 이해'가 미디어 교육의 정의에 포함될 필요가 있다고 제안했고, 이 부분을 법안에 추가 반영하기로 했다고 합니다(양정애, 2019). 또한 이 법안 제3조에서는 "모든 국민은 성별, 종교, 인종, 세대, 지역, 정치적 견해, 사회적 신분, 경제적 지위나 신체적 조건 등에 관계없이, 미디어 교육을 받을 권리를 가진다"라고 하여 교육의 대상을 학생뿐 아니라 성인을 포함한 전국민으로 두고 있습니다.

이 법안은 국회에 계류돼 있다가 제20대 국회의 만료와 함께 자동 폐기됩니다. 그런데 지난 2020년 8월 정필모 더불어민주당 의원 대표로 '미디어 교육 활성화 및 지원에 관한 법률'이 다시 발의됩니다. 유은혜 의원의 법안과 다소의 차이는 있지만, 큰 틀에선 거의 유사하다고 할 수 있어요.

민주당은 제21대 국회에서 압도적인 다수당입니다. 법안이 다소 수정되더라도, 이런 내용을 골자로 하는 법률 제정안이 통과될 가능성이 상당하다고 봐도 무방할 것입니다. 더구나 미디어 리터러시 교육은 미국이나 유럽 선진국 여러 곳에서 실시되고 있어요. 세계적인 '대세'라고 볼 수 있습니다.

법안이 통과되면 언론의 본질을 이해하는 동시에 이를 기반으로 언론사 뉴스를 접하고 비판적으로 이해하며 이를 창의적으로 활용하고 소통하는 능력을 교육하게 될 것입니다. 이렇게 되니 자꾸 '미디어 교육' 또는 '미디어 리터러시'가 회자되는 것입니다.

앞으로 학교 수업에서도 '미디어'나 '미디어 리터러시' 같은 과목이 생길지도 모르겠어요. 국·영·수처럼 '미디어 리터러시'도 배

우고, 경우에 따라 시험을 보고 평가를 받게 될 수도 있다는 뜻입니다. 이에 따라 미디어 리터러시를 가르칠 사람도 육성할 것이고, 대학 전공이나 영역에도 영향을 미칠 수 있습니다.

물론 아직 확정된 건 아닙니다. 법안이 통과되지 않았을뿐더러 학교 교육만 해도 미디어 리터러시를 별도 교과목으로 만들지, 아니면 국어나 사회 과목을 통해 함께 교육할지, 또 전담 교사를 대거 뽑을지에 대해 교육부와 국회가 논의 중인 상태라고 보면 맞습니다. 분명한 건 당정이 법안을 제정하면 어떤 형태로든 미디어 리터러시가 학교 교육으로 이어질 것이란 점입니다.

성인을 대상으로 한 미디어 교육도 이뤄질 것입니다. 강좌 형태가 될지 어떨지는 아직 확신할 수 없습니다. 물론 과목 채택 여부 등이 걸린 교육계에서만큼 민감한 이슈는 아닐지 몰라도, 사회 전반적으로 미디어 교육과 여기에서 다뤄지는 미디어 관련 내용이 큰 화제로 떠오를 가능성이 상당합니다.

미디어 리터러시의 시작은
권력에 대한 이해

꼭 수업이나 과목이 생겨서만이 아니라, 미디어 리터러시는 사회를 이해하는 데 꼭 필요한 능력 중 하나로 떠오르고 있습니다. 비단 학생뿐 아니라 어른도 마찬가지입니다. 미디어와 뉴스를 이해하는 건 이들로 둘러싸인 디지털 시대엔 어쩌면 필수일 것입니다.

그런데 유의해서 지켜볼 대목이 있습니다. 미디어 리터러시 교육에 대한 법제화 논의는 정치 권력에서 이뤄질 수밖에 없다는 점이죠. 그게 뭐가 문제냐고요? 그럴 만한 충분한 이유가 있습니다.

권력은 미디어를 어떻게 생각할까요? '미디어가 잘 돼야 사회적으로도 좋다'고 생각할까요?

단언컨대 절대 그렇지 않아요. 미디어의 제1의 역할은 권력을 감시·비판하는 것입니다. 누가 자기를 감시·비판하는 걸 좋아하는 사람은 없습니다. 정치·자본 권력이 아니라 회사 같은 작은 조직에서도 마찬가지입니다. 사장님이 "나는 비판을 좋아한다. 언제든 비판해달라"고 한다고 해서 직원이 사장에게 걸어가 비판적인 말을 하면 그 사람은 나중에 '별로 안 좋은 일'을 겪게 되는 경우가 대부분입니다.

따라서 정치 권력이 미디어를 진흥하거나 도와주려 하지는 않을뿐더러 되레 위축시키는 방향으로 정책 방향을 잡으려 한다는 건 어쩌면 상식에 속합니다. 이것은 개인적인 생각이나 주장이 아니며 정치적인 성향에 따라 달라지는 의견이 아닙니다. 권력과 미디어의 관계를 안다면 누구나 동의하는 내용이죠.

그럼 권력은 어떤 수단을 통해 미디어를 통제하려 할까요? 크게 세 가지입니다.

첫째, 법 제도를 통해 미디어를 약화·무력화하려고 시도합니다.

정치 권력은 크게 청와대를 정점으로 하는 행정부와 국회(입법부)로 나눠볼 수 있어요. 또 이 두 권력기관에 영향력을 행사하는 인물들도 있죠. 이들에겐 법령을 만들거나 고치고 그걸 집행할 수 있는 권한이 있습니다.

1980년대 전두환 씨가 대통령이던 때는 '언론기본법'이란 걸 제정했어요. 여러 개 언론사를 동시에 경영하는 걸 불법으로 규정하고, 신문 같은 정기간행물 등록을 장관이 취소할 수 있는 법적 근거도 마련했죠. 언론사 대주주나 편집 책임자를 처벌할 수 있는 조항도 들어갔어요.

이 법을 앞세워 당시 정부는 언론사를 통폐합했습니다. 말이 통폐합이지 언론사를 대거 없애버린 거였어요. 44개 언론매체를 통폐합하고 그 외 정기간행물 172종의 등록을 취소했으며, 1000여 명의 언론인을 강제 해직합니다.

그런데 이 법의 제1조가 뭐였는지 아십니까? 제1조에서는 이 법의 목적으로 "국민의 표현의 자유와 알 권리를 보호하고 여론형성에 관한 언론의 공적 기능을 보장"한다는 걸 내세웠습니다. 참으로 좋은 취지죠? 정부가 내세운 명분에 대해 국민적인 호응도 나름 있었어요. '사이비 기자들이 없어지니 잘 됐다'는 식이었지요. 정치 권력이 법 제도로 언론을 위축시킬 때는 대개 이렇게 근사한 취지를 내세웁니다.

지금도 정치 권력이 미디어 관련한 여러 법안을 추진하고 있습니다. 그런데 여러분은 잊지 말아야 합니다. 명분이나 법 취지는 늘 그럴듯하더라도 본질적으로 정치 권력은 미디어의 활동을 달가워하지 않으며, 여러 수단을 통해 이를 방해하려 한다는 사실 말입니다.

정치인들의 의도가 모두 나쁘다는 의미는 아닙니다. 많은 정치인이 올바른 사회를 위한 법 제정·개정을 위해 노력합니다. 다만 권력과 미디어의 관계는 본질적으로 대결 관계라는 것입니다. 즉 정치 권력에겐 언제든지 법 제도를 앞세워 미디어를 위축시킬 동기가 있다는 것이죠. 여러분이 이걸 아는 것과 모르는 것은 미디어의 본질을 이해하는 과정에서 큰 차이를 만들 수 있습니다.

권력이 미디어를 통제하는 두 번째 방법은 돈줄을 끊는 것입니다.

언론사, 특히 신문사는 민간 기업의 형태로 운영됩니다. 물론 전국 단위 지상파 방송이나 보도 채널, 국가기간통신사 등은 조금 다르죠. 이런 차이는 뒤에서 본격적으로 다룰 것입니다. 어쨌든 민간 기업인 미디어는 수익을 내야 유지될 수 있습니다. 그래야 기자들도 월급을 받을 수 있고요.

돈 부분은 취약한 고리가 아닐 수 없어요. 정치 권력은 수많은 사정기관과 인가·허가 수단을 보유하고 있으므로 사회 각 분야에 막강한 영향을 미칠 수 있죠. 이런 힘을 적극적으로 활용한다면 미디어 경영에 직간접적으로 개입할 수도 있습니다.

대표적인 사례는 이명박 정부가 일부 신문에 대한 대기업 광고를 통제한 것입니다. 또 공공부문 광고를 줄이는 방식으로도 언론사 경영에 타격을 줄 수 있죠. 역시 뒤에서 자세히 보게 될 겁니다.

아니면 아예 공짜 뉴스를 뿌려버리는 방법도 있습니다. 삼성에서 일하다 퇴직한 뒤 삼성의 비리를 폭로한 김용철 변호사의 회고록 《삼성을 생각한다》엔 고(故) 이건희 회장이 '우리나라 전 가정에 삼성 에어컨과 냉장고를 공짜로 줘서 LG가 망하도록 하라'는 지시를 했다는 대목이 나옵니다. 이 방안은 실현되지 않았지만, 미디어의 상품인 '뉴스'는 공짜로 유통되는 일이 실제로 벌어지고 있습니다. 이 부분 또한 따로 다룰 것입니다.

셋째, 여론의 혐오를 불러일으키는 것입니다. 사실 이게 핵심입니다. 그렇게 되면 여론을 업고 법 제도를 만들어 쉽게 미디어를 약화·무력화시킬 수 있으니까요.

정치 권력은 자신의 권력을 법 제도로 보장받아요. 헌법과 각종 법률에 임기와 권한 등이 명시돼 있죠. 그러나 이를 감시·비판해야 할 언론은 아무런 법률적인 권한이 없습니다. 아까 말한 지상파 방송 등 일부를 제외하고는 말이죠. 그래서 여론을 유일한 무기로 삼습니다. 여론의 지지를 업고 강력한 정치 권력에 맞서는 것이죠. 정치 권력 입장에서는 여론이 미디어를 불신하고 더 나아가 혐오하게 되면 미디어가 자신들을 감시·비판할 동력을 잃게 된다는 걸 압니다. 그러니 자신이 가진 여러 수단을 동원해 미디어에 대한 여론의 신뢰를 떨어뜨리려 해볼 가능성이 있겠죠?

대표적인 게 '가짜뉴스'란 단어를 사용해 퍼뜨리는 것입니다. 이 단어는 처음엔 사람들이 잘 사용하지 않았어요. 뉴스를 찾아보니, 15년 전인 2006년 3월 30일 연합뉴스의 〈美 인터넷 '가짜뉴스' 활개〉란 기사에서 처음 사용된 듯합니다. 다른 앞선 사용도 있었는지 모르지만, 개념 면에서 이 사례와 크게 다르진 않을 겁니다.

외신을 전한 이 뉴스의 내용 일부는 다음과 같습니다.

구글과 야후 같은 인터넷 뉴스포털에서 '가짜뉴스'가 무분별하게 확산
되고 있다고 미 일간 크리스천사이언스모니터(CSM)가 29일 보도했다.
(…) 이달 초 뉴저지에 거주하는 고교생 토머스 벤데타는 자신이 구글에
채용됐다는 거짓 보도자료를 온라인에 등록했다. 이 뉴스는 곧바로 구
글 뉴스포털에 게재돼 '진짜 기사'들과 함께 네티즌에게 제공됐다.

그런데 이 기사에 소개하는 '가짜뉴스'는 지금 사용되는 '가짜
뉴스' 개념과 사뭇 다릅니다. 언론사에서 진짜로 만든 뉴스를 '진짜
기사', 언론사 뉴스인 척하며 사칭해서 만든 뉴스를 '가짜뉴스'라고
부르고 있어요.

그러다가 언젠가부터 언론사가 만드는 뉴스도 '가짜뉴스'라고
부르는 상황이 됐습니다. 예전이었으면 오보나 사실 관계가 다르
다고 할 뉴스에도 모두 '가짜' 딱지를 붙이는 것이죠. 이는 일부 정
치 권력에 의한 의도적인 공세로, 언론의 신뢰도를 떨어뜨리는 효
과를 낳습니다. 이 부분은 아주 중요한 대목이어서 제2부에서 별도
로 다루겠습니다.

어떤 이는 이렇게 말합니다. "언론은 선출되지 않은 권력으로,
그 힘의 행사 자체가 부당하다"고 말입니다. 시민의 선거로 뽑힌
권력만 정당성을 인정받을 수 있는데, 언론은 민간 기업이니 그렇

지 못하며, 선출된 권력에 대한 감시·비판 또한 부당하다는 것입니다.

그러나 그렇다면 선출된 권력에 대한 감시·비판은 누가 하나요? 막강한 선출 권력을 누가 어떻게 감시하고 또 무슨 수로 그들에 대항할 수 있습니까? 그리고 독재 권력처럼 스스로 선출 권력에 준하는 권력이 돼버리면 그들은 누가 비판할 수 있을까요?

감시 주체와 감시 대상은 당연히 분리돼야 할 것입니다. 여기서 감시 대상은 권력입니다. 언론은 감시하는 주체지요. 이 둘을 분리하지 않으면, 권력에 의해 모든 미디어가 운영되는 북한처럼 되고 말겠죠. 북한에는 조선중앙TV나 《노동신문》 등 사실상의 국영 언론밖에 없습니다. 권력이 만들고 운영하는 언론이니 북한 미디어 활동이 정당하고, 북한 미디어 운영 방식이 바람직한 형태라고 할수 있을까요? 여러분 중에서 여기에 동의할 사람은 아무도 없을 겁니다. 그러나 여론이 미디어를 점점 더 혐오하게 되면 정치 권력이 미디어를 통제하는 것에 대해서 점점 더 찬성하게 될지도 모릅니다. 어쨌든 정치 권력 입장에선 대성공인 셈이지요.

권력은 늘 미디어를 위축시키려 하고, 미디어는 여기에 때론 정면으로 맞서고 때로는 줄타기를 하며 대결해온 게 한국 언론사, 아니 세계 언론사라 할 수 있습니다. 미디어 리터러시는 이런 부분에 대한 이해에서 시작합니다. 미디어를 둘러싼 가장 중요한 내용이라 할 수 있지요.

이 책에서 다루는 미디어 리터러시도 마찬가지입니다. 혹여 정치 권력에서 논의되는 미디어 교육 관련 법안이 위 세 가지 중 특정 효과, 이를테면 미디어에 대한 불신이나 혐오를 불러오기 위한 것이라면 큰 문제입니다. 권력은 법 제도에 기반한 '교육'이란 수단을 통해서도 자신에게 유리한 환경을 조성하려 하기 마련입니다. 학교 현장에서도 이런 부분에 주의해야 할 것입니다. 나도 그런 부분에 유의하며 이 책을 씁니다.

미디어 리터러시, 여러분이 원하는 것

앞서 말했듯 여러분은 일상 속에서 미디어를 접합니다. 세상을 보는 창으로 뉴스를 보지요.

그럼 미디어의 어떤 부분을 집중적으로 다뤄볼지 생각해봐야 하겠습니다. 전문가들도 지적하고 법률안에도 있듯, 나쁜 정보를 피하라거나 디지털 기기를 어떻게 활용하라거나, SNS 활동 및 댓글을 달 때 무엇을 유의하라거나 하는 소극적인 내용만 다루는 걸 미디어 리터러시로 보기는 어려워요. 흥미롭기는 하지만 다소 가벼운 주제들로, 최근 떠오른 미디어 리터러시 교육의 필요성을 생각해보면 그게 본질은 아니라고 판단합니다.

오히려 미디어는 어떤 본질적 속성을 지니고 있는지, 한국 사회에서 어떤 방식으로 본연의 기능을 수행해왔는지, 혹시 정치·자본 권력과는 일부라도 어떤 부적절한 구조를 형성하고 있으며 어떤 문제점을 구조적으로 노출하고 있는지, 어떤 과정을 통해 뉴스를 제작하는지, 이런 과정이 디지털 시대와 맞물려 어떤 변화를 겪고 있으며 그런 변화의 긍정·부정적 특성은 무엇인지, 우리는 어떤 부분을 염두에 두고 미디어를 받아들여야 할지 등이 더 근본적인 내용일 것입니다. 한국 사회에서 주요 미디어의 본질이 무엇이고 왜, 어떻게 움직이는지가 독자 여러분도 더 궁금할 사안이라고 생각합니다.

양정애 한국언론진흥재단 선임연구위원의 연구서《미디어 교육의 재구조화: 21세기 한국의 미디어 교육 영역 및 구성》에는 고등학생 및 대학생 25명과의 인터뷰가 소개돼 있습니다. 그중 학생들이 바라는 미디어 교육에 대한 의견들을 몇 가지 소개합니다.

¶ 학생 1: 미디어 본질에 대해 배워야 할 필요성이 있다고 생각한다. 중학생 이상부터는 미디어를 굉장히 많이 활용하는 세대인데, 미디어에 대한 교육 없이 기능을 먼저 받아들여서 미디어의 본질이나 상업적 특성, 미디어가 미치는 영향을 잘 모른다. 미디어의 본질에 대해 잘 가르쳐주는 교육이 필요하다고 본다.

¶ 학생 3: 뉴스가 각 신문사마다 정치적 성향이 있다고들 하고, 정치도구로 이용되고 있는 것이 현실인데, 내가 정치 문외한이어서 뉴스를 볼 때 어떤 정치적 목적을 가지고 편향적으로 작성되는지, 정치와 언론사가 왜 결합될 수밖에 없는지 그 이면의 이야기들을 가르쳐주었으면 좋겠다.

¶   학생 9: 미디어 교육의 많은 부분에서 가짜뉴스, 악성 댓글, 언론으로 인한 개인의 자유 침해 등 비판적이라기보다는 미디어의 부정적 측면을 너무 강조하는 방향으로 이루어지는 교육이 적지 않다고 생각한다. 미디어의 긍정적 측면을 활용해서 만들어낸 콘텐츠나 그런 것들에 대한 소개와 탐구가 상대적으로 부족하다.

양 위원 조사로는, 미디어의 본질을 다루면서 미디어 리터러시를 길러주는 교육은 학교에서 받아본 적이 없다고 대답한 응답자가 다수였습니다. 그는 "학생들이 스스로 필요하다고 답하거나 앞으로 받고 싶다고 말하는 미디어 교육의 내용을 통해 현재 교육에서 부족하고 미진한 부분이 무엇인지를 짐작해볼 수 있다"고 강조합니다.

이런 맥락에서 이 책에서는 미디어가 무슨 역할을 하는 것인지, 뉴스는 어떻게 만들어지는지, 미디어가 정치·자본 권력에 취약한 부분은 없는지 등 미디어의 본질적인 모습을 짚어볼 예정입니다. 권력에 취약한 부분은 곧바로 권력에 의한 통제 또는 권력과의 결탁 가능성과 연결되겠죠. 그리고 여러분이 요즘 뉴스를 가장 많이 접하는 창구인 네이버 등의 포털과 거기에서 발견할 수 있는 뉴스의 여러 구조적 특성에 대해서도 함께 생각해보기로 해요.

이 책은 일반의 시민들을 주요 독자로 삼고 있습니다. 특히 학교 교육 대상으로서는 중학교 3학년 이상의 학생을 상정합니다. 그 이유는 미디어 내부에서 뉴스 제작 기준이 '중3'이기 때문입니다.

중학교 3학년 정도가 봐서 이해할 수 있도록 만드는 게 뉴스 작성의 원칙인 셈이지요.

요즘 여러분이 많이 접하는 유튜브와 블로그, SNS 등 개인 정보 플랫폼은 이 책에서 다루는 미디어 리터러시의 핵심은 아닙니다. 이런 플랫폼 콘텐츠의 대부분, 특히 인기 콘텐츠의 대부분은 오락물에 가깝습니다. 대표적으로 '먹방'이 있죠. 조회수를 높여 수익을 창출하는 시스템인데, 의무 교육화를 추진하는 법안에 등장하는 미디어 리터러시의 관점에서는 일단 분석의 가치 자체가 작다고 봅니다. 'SBS 뉴스'라면 몰라도, '런닝맨'을 어떻게 이해하고 받아들일지까지 논의하는 건 부수적인 갈래에 가깝습니다.

그러나 최근 들어 유튜브 등을 통해 뉴스나 시사 프로그램을 본다는 이들이 급격하게 증가했습니다. 깜짝 놀랄 만한 변화예요. 현실을 부정할 수는 없겠죠. 따라서 유튜브를 필두로 한 SNS에서 다루어지는 시사 콘텐츠에 대한 리터러시도 함께 논의해보려 합니다.

제1부

미디어 리터러시,
이것이 기본이다

미디어 리터러시의 기본을 얘기하려면 먼저 미디어가 어떤 역할을 하는지에서 시작해야 합니다. 미디어는 권력을 감시·비판한다고 했습니다. 이 기능은 민주사회의 핵심일 수밖에 없어요.

제1부에서는 미디어의 역할은 무엇인지에서 시작해서 미디어 전체 혹은 특정 미디어 종류별로 어떤 특징과 한계를 지니는지 그 구조를 살펴보려 합니다. 아울러 언론이 보수와 진보 등으로 나뉘는 이유도 분석할 것입니다. 또 21세기 미디어 환경의 특징이라 할 수 있는 온라인 환경에서 포털과 유튜브 등으로 소비되는 뉴스를 접할 때 알아야 할 점 등을 다룰 것입니다.

01 촛불은 어떻게 가능했나
-미디어의 역할

민주사회는 선거를 통해 정치 권력을 선출합니다. 정치 권력은 시민을 대신해 법을 만들고 집행하며, 세금을 거둬 나라 살림을 합니다. 그런데 이 과정을 정치 권력에게만 맡겨두고 아무도 지켜보지 않는다면 제 마음대로 할 것입니다. 국회의원들이 자신들의 특권을 위한 법을 만들 수도 있고, 고위공직자는 예산을 자기와 주변 가까운 이들의 이권을 위해 사용할 수도 있죠. 그러다보면 어느새 독재 국가로 변해갈 수도 있습니다(독재 국가에서는 미디어가 제대로 감시·비판하는 경우는 없어요. 오히려 정치 권력을 칭찬하고 심지어 찬양하죠. 그래서 독재 권력은 미디어부터 점령·장악하곤 합니다). 그래서 민주사회에서는 바쁜 시민을 대신해 권력을 감시·비판하는 미디어가 꼭 필요합니다. 그럼 미디어는 어떤 방식으로 권력을 감시·비판할까요. 대표적인 사례를 통해 미디어의 기능을 먼저 살펴보겠습니다.

미디어가 이끌어낸 대통령 탄핵

지난 2016년 대한민국에 놀라운 사건이 벌어졌습니다. 당시 박근혜 대통령의 오랜 지인인 최순실이 비선 실세로서 국정을 좌지우지했다는 추문이 드러나면서 시민들은 정권에 등을 돌리게 됩니다. 그리고 그해 말 국회에서 탄핵소추안이 가결됐고, 이듬해 3월 박근혜 대통령은 헌법재판소에서 파면됩니다.

2016년 당시 시민들의 움직임은 대단했어요. 100만 인파가 광화문 광장에 모여 손에 촛불을 들고 '박근혜 아웃'을 외쳤지요. 서울만이 아니라 전국 곳곳에서 사람들이 모여 같은 목소리를 냈습니다. 박 대통령의 지지율은 거의 0%까지 하락했죠. 파면되지 않더라도 정치적으로 더는 대통령직을 수행할 수 없는 상태에 빠졌습니다. 시민의 힘으로 최고 권력자를 끌어내린 거예요. 그래서 당시 상황을 '촛불 혁명'이라고도 부릅니다.

그런데 이 촛불, 어디서 온 걸까요? 유튜버가 독려한 걸까요? 블로거나 SNS 유저가 뭔가를 터뜨린 걸까요? 그것도 아니면, 시민들이 갑자기 '왠지 최순실이 비선 실세일 것 같으니 촛불 들고 나가야겠다'고 생각했을까요?

짐작하듯, 정답은 '아니다'입니다. 촛불 혁명의 뒤엔 바로 미디어가 있었습니다.

당시 최순실 관련해서는 뒷말만이 무성했어요. 그러다가 언론사의 특종 보도가 터집니다. 첫 발걸음은 《한겨레》였습니다. 《한겨

2016년 11월 서울 광화문 광장이 '박근혜 아웃'을 외치는 촛불 시민들로 가득 찼다. 당시 《경향신문》이 발행해 광화문 광장 등에서 무료 배포된 2016년 11월 12일 토요일자 호외.

레》는 2016년 9월 20일 1면에 〈K스포츠 이사장은 최순실 단골 마사지 센터장〉이라는 기사를 실었습니다. 최순실이 국정에 개입한 정황을 최순실의 실명을 내보내 보도한 최초의 기사였지요. 특히 딸 정유라의 이화여대 특혜 의혹은 공분을 일으키기 시작했어요. 《한겨레》는 초반에 최순실 사건을 가장 많이 보도한 언론사입니다. 끊임없이 의혹을 제기했죠.

그러나 이미 그의 남편이었던 정윤회가 비선 실세로서 국정에 개입했다는 의혹이 흐지부지된 뒤여서, 처음에는 그때 정도 수준의 그저 그런 사건으로 치부됐습니다. 수사기관인 검찰도 전혀 움직이지 않았어요. 사건 배당만 해놓고 검사 한두 명을 붙여놓은 채

관망하고 있었습니다.

"'비선 실세 죄'를 만들어 적용해야 하나? 법을 적용할 혐의가 없잖아."

당시 검찰 관계자들은 이렇게 말했습니다.

이 사건을 실제 범죄 사건으로 지목해 키운 건《경향신문》이었습니다. 그해 10월 18일 1면 톱기사로 〈K스포츠 '대기업 80억' 요구 사업, 독일의 '최순실 모녀회사'가 주도〉를, 3면 전체에 〈대기업 돈, K스포츠 통해 '최순실 모녀회사'로 유입 정황〉 등을 내보냈어요. 최순실 모녀가 독일에 비덱이란 페이퍼컴퍼니를 설립해 최소한 대기업 한 곳에서 80억 원을 받아 해외로 빼돌리려 한 정황을 알렸죠.

이렇게 되니 얘기가 달라집니다. 대기업에 80억 원 요구, 해외에 페이퍼컴퍼니 설립…. 누가 봐도 권력이 개입한 범죄의 냄새가 납니다.《경향신문》은 이후에도 대기업에게 받은 돈을 빼돌리기 위해 세운 더블루K의 존재 등을 연속으로 특종 보도했죠. 검찰은 일련의 보도와 동시에 최순실 관련 의혹을 범죄 혐의로 판단, 담당 검사를 4명으로 늘려 정식으로 수사팀을 꾸리고 처음으로 수사에 착수합니다.

이어 TV조선에서 의미심장한 영상이 나옵니다. 10월 25일 저녁 뉴스에 나간 〈청와대 2부속실 행정관들 최순실 상전 모시듯〉 보도에는, 최순실이 박근혜 대통령의 의상을 만드는 의상실에서 청와대 행정관들에게 지시하고, 행정관들은 최순실에게 설설기며 깍듯

이 받들어 모시는 영상이 나옵니다. TV조선은 이 영상을 중심으로 최순실이 대통령 사생활을 전담 관리했으며 인사 등에도 영향을 미쳤다는 정황을 집중적으로 전했습니다.

TV조선은 이미 그해 8월에, 안종범 청와대 경제수석이 대기업들을 종용해 미르재단과 K스포츠재단에 돈을 내도록 했다는 사실도 특종 보도한 바 있었는데 당시엔 최순실 이름은 나오지 않았죠. 나중에 이 영상으로 최순실을 드러내는 화룡점정을 한 셈입니다.

10월 26일, JTBC의 그 유명한 보도가 나옵니다. 〈최순실 PC 파일 입수…대통령 연설 전 연설문 받았다〉에서 최순실의 태블릿PC를 입수해 분석한 결과를 내놓았죠. 대통령의 연설문을 받아 수정해주는 등 국정 전반에 개입했다는 정황을 확실한 물증과 함께 보도한 것입니다.

《한겨레》, 《경향신문》, TV조선, JTBC는 한 달 동안 연이은 특종으로 최순실 게이트를 전면에 부각했습니다. 물론 다른 언론사도 좋은 기사를 많이 썼습니다만, 위 4개 언론이 돋보였던 것도 사실입니다. 실제로 최순실 보도로 한국기자협회가 선정하는 제314회 '이달의 기자상'을 받은 언론사도 이 4곳이었습니다.

언론의 의혹 보도 이후 광장은 촛불로 덮였습니다. 선출되지도 않았을뿐더러 누군지도 모르는 최순실이라는 인물이 국정에 개입하고, 이 과정에서 권력을 이용해 기업들로부터 돈을 거둬들이는 등의 비리를 저질렀다는 것이 밝혀지자 시민들은 잘못된 정치 권력을 바로잡으러 거리에 나간 것이지요. 다시 말해 언론 보도가 '촛불 혁명'으로 이어진 것입니다.

이것이 언론의 역할입니다. 권력을 감시·비판하는 것 말입니다. 모든 시민이 일상적으로 권력자가 뭘 하는지 감시할 수는 없죠. 생업, 학업이 있고 다 바쁘게 살잖아요. 이 역할을 전담하겠다고 나선 것이 언론사입니다. 앞서 언급한 언론사를 포함해 대부분 언론사는 사실 민간 기업이에요. 그러나 최순실 게이트 보도에서처럼 공적인 역할을 하는 묘한 특성이 있습니다. 일반 시민들이 언론에 '나는 바쁘니 당신들이 권력자를 감시해서 문제가 되는 게 있으면 내게 알려달라'고 위임해놓은 셈이죠.

2016년의 최순실 비선 실세 의혹 보도는 결과적으로는 '미디어 → 시민 → 사회변화'로 이어지는 언론 본연의 기능이 잘 발휘된 사례입니다. 이 외에도 권력을 감시·비판해 세상을 바꾼 뉴스는 국내외에 무수히 많습니다.

뉴스는 어떻게 만들어질까
핵심은 대규모 취재인력과 다단계 검증

여러분은 주로 포털에서 언론사 뉴스를 읽을 거예요. 물론 TV로 방송 뉴스도 보고 여전히 신문을 구독하는 사람도 있을 겁니다.

이 뉴스, 도대체 어떻게 만들어지는 걸까요? 이 과정을 잘 모르는 사람이 제법 많아요. 기자가 취재를 해서 뚝딱 기사를 쓴 뒤 네이버나 다음 같은 곳에 올리는 것으로 아는 사람도 많은데, 뉴스 생산과정은 이보다 좀 더 복잡합니다. 신문과 방송 뉴스는 만들어지는 과정이 거의 유사하니, 신문 기사 생산으로 설명해보겠습니다.

우선 현장에서 일하는 기자가 아이템, 즉 기사가 될 만한 후보가 뭐가 있는지 아침마다 '보고'를 합니다. 예컨대 10명의 사회부 기자가 아침마다 각자의 기사 아이템들을 보고하면 사회부 게시판엔 기자 10명이 올린 아이템 보고가 10건, 개별 기사 아이템은 수십 개가 올라오겠죠?

사회부장이 그 10건의 보고를 종합·정리합니다(언론사에서는 각 부서의 부장처럼 보고를 취합하고 취재를 지시하는 역할을 '데스크'라고 부르며, 기자들이 작성한 기사를 데스크가 손보는 행위를 '데스킹'이라고 합니다). A기자가 보고한 아이템 중 특종이 될 것 같다 싶은 게 있으면 그걸 중요 기삿거리로 정리하죠. 이 과정에서 기자에게 전화로 물어보기도 합니다.

"A기자, 좀 전에 '보고'로 올린 것 중에 '비덱 후속' 말이야, 소스(취재원 등을 일컫습니다)가 어떻게 되지?"

뭐 이런 식입니다. 여러 가지 체크를 해요. 내용을 더 자세하게 물을 때도 있고요.

이렇게 부장이 정리한 것으로 부장들끼리 회의를 합니다. 정치·경제·사회·문화·국제·스포츠 등 분야별로 부서가 십수 개 정도로 나뉘어 있습니다. 편집국장(방송은 보도국장)이 주재하는 부장 회의에서, 신문 전체의 아이템을 정리해봅니다.

"오늘 1면 톱은 정치부(B기자)의 단독 인터뷰로 합시다. 세컨드는 사회부(A기자)의 비덱 후속 보도로 하고."

이런 식으로 큰 틀에서 신문 1면부터 끝까지 각 면 톱기사 등 주요기사가 정해집니다. 오전 부장(데스크) 회의 풍경입니다. 대부분의 언론사는 이런 회의를 오후 2~3시경 또 한 번 합니다. 미디어 구성원들의 출근과 동시에 보고된 아침 아이템 외에, 오전 중 또 점심시간 취재 등을 추가 취합해 다시 아이템 보고와 데스크 회의가 이뤄지는 거죠. 이 무렵 주요기사는 물론, 각 부장들이 정한 세부 지면 계획(이를테면 '사회부 지면 계획')이 완성되고 기자들에게도 전파돼요. 그럼 담당 기자들이 배치된 기사 분량에 맞춰 기사를 작성하는 겁니다.

물론 자신이 보고한 아이템은 아니지만 써야 할 기사가 하달되기도 합니다. 회사 안에서, 예를 들면 부장이 별도의 경로로 인지한 정보를 가지고 현장 기자에게 기사를 쓰라고 지시하는 경우입니다. 부장도 역시 기자로서 일상적으로 취재 활동을 하는 데다, 개별 기자가 모든 사안을 꿰뚫고 있을 순 없으니까요.

어쨌든 기사를 전송하면 부장이 수정(데스킹)합니다. 이 과정에서 서로 전화나 메시지를 주고받으며 내용을 확인하기도 해요.

"이 부분은 좀 이상한데? 앞뒤가 안 맞는 것 같아." "이 부분 관련해서는 전문가에게 좀 더 물어봐."

"부장, 두 번째 문장을 수정하셨는데 잘못 표기된 듯합니다. 사실 그 문장은 그 뜻이 아니라…."

이런 식이죠. 데스킹이 끝난 기사는 교열부로 넘겨집니다. 문법

촛불은 어떻게 가능했나

상의 오류와 맞춤법을 검증하는 부서죠. 비문이나, 앞뒤가 안 맞는 내용 같은 걸 기사 작성 부서에 문의하기도 합니다. 교열이 끝난 기사는 편집부란 곳으로 넘어가요. 기사 제목을 만들고 지면에 배치(레이아웃)하는 곳이죠. 여기서도 취재 부서에 많은 질문을 합니다.

이렇게 신문이 잠정 제작됩니다. 이렇게 만들어진 신문을 '가판'이라고 합니다. 저녁 무렵, 오후 5~6시경입니다. 이후엔 프린트한 '미니 신문'(대장)으로 다시 교열과 데스크 회의 등을 거치고 추가할 내용, 바꿀 내용이 있는지 점검해 새로운 기사로 교체할 경우 똑같은 과정을 거칩니다. 이렇게 밤(오후 11~12시)까지 수정·보완을 거친 신문이 새벽에 인쇄에 들어가고 아침에 배달되는 거죠.

네이버나 다음 등 포털엔 신문이 잠정 제작되었을 때 전송되기 시작해요. 그래서 저녁 무렵이나 밤, 새벽에 기사가 쏟아지는 거죠. 신문 한 부에 200개 기사가 들어간다면, 신문사는 이 200개의 기사를 하나씩 쪼개어 자사 홈페이지와 포털로 전송하는 것입니다. 따라서 여러분이 포털에서 보는 신문 뉴스는 대부분 종이신문에 실린 기사입니다. 요즘엔 포털이란 플랫폼의 특성에 맞춰 신문사가 수시로 온라인용 기사를 따로 만들어 전송하기도 하는데, 뒤에서 그 과정도 따로 볼 겁니다.

기사 제작 단계(기사 1개당)를 정리하면 이렇습니다.

¶   기자의 보고 → 데스크(부장)의 검증 → 데스크의 편집국 보고 → (편집국 부국장 검증 →) 편집국 국·부장단 검증 → 기사화 확정 → 기자의 기사 작

성 → 데스크의 수정 → 교열부의 수정 → 편집부의 수정 → 야간 재검토
(2~3차례)

기자의 최초 인지 후 신문사 내부의 10여 단계의 검증 과정을 거친 뒤 정식 뉴스가 되는 것입니다. 이 과정에서 사실관계가 좀 애매하거나 취약한 기사는 걸러지기 마련입니다.

참고로, 미디어의 뉴스 제작 과정을 시간대별로 보면 다음의 표와 같습니다(신문사를 기준으로 소개합니다).

유명하고 오래된 언론사일수록 이런 검증 과정이 강력합니다. 신문 중에서는 국내에서 '10대 일간지'라 불리는 종합일간지를 꼽습니다. 노무현 정부 이후 '조중동'이란 별칭으로도 불리는《조선일보》,《중앙일보》,《동아일보》와《한겨레》,《경향신문》, 그리고《한국일보》,《서울신문》,《국민일보》,《세계일보》가 아침에 배달되는 조간이고,《문화일보》가 10대 일간지 중 유일한 석간신문으로 오후(저녁)에 배달됩니다.

전문지이긴 하지만 사회적 영향력이 크기에 일부 경제신문도 종합일간지와 유사한 평가를 받습니다. 방송 중에선 여러분도 잘 아는 KBS와 MBC, SBS를 지상파 방송이라 합니다. 전파를 쏘기 때문에 TV 안테나만 있으면 볼 수 있는 방송들입니다(요즘엔 기왕 연결한 케이블이니 지상파도 케이블망을 이용해 시청하죠). 케이블만을 활용한 종합편성채널로는 TV조선, JTBC, 채널A, MBN 등 4곳이 있어요. 보도전문채널로는 YTN, 연합뉴스TV가 있고 연합뉴스라는 통신사도

뉴스 제작의 타임라인

9시 30분	기자의 아이템 보고
9시 30분~11시	데스크의 아이템 검증
	분야별 데스크 회의* 1(부국장 주재) *비슷한 분야(예: 사회부·정책사회부·전국사회부)를 묶어 부국장급 책임자 지휘 하에 아이템을 재검증하는 과정
11시	전체 데스크 회의(편집국장 주재)
11시 30분	1차 지면 확정 및 전파(주요기사 한정)
	해당 기자는 기사 준비
(9시~14시)	기자의 아이템 수시 보고
14시	분야별 데스크 회의 2(부국장 주재)
14시 10분	전체 데스크 회의 2(편집국장 주재)
14시 40분	2차 지면 확정 및 전파(전체 기사 포괄된 잠정 지면)
	해당 기자는 기사 작성
15시~17시	기자의 기사 마감·교열·편집 1(가판 제작)
(14시~18시)	기자의 아이템 수시 보고
18시	분야별 데스크 회의 3(부국장 주재)
18시 30분	전체 데스크 회의 3(편집국장 주재)
19시	3차 지면 확정 및 전파(수정·보강 포괄된 확정 지면)
	해당 기자는 기사 작성 및 기존 기사 수정
19시~21시	기자의 기사 마감·교열·편집 2(지방 배달판 제작)
21시	부서별 당직자 회의(야간 국장 주재)
	야간 상황 반영해 수도권 배달판 제작
	기자의 수시 보고와 필요시 기사 작성은 지속
(이후 1~2차례 야간 국장과 당직자를 중심으로 야간 상황 반영한 배달판 수정 작업)	

역사가 깊은 대형 언론사입니다.

보통 이러한 주요 언론에서 기자는 200~300여 명 정도입니다. 편집기자와 사진기자, 데스크 등을 제외한 현장 취재기자는 백수 십 명 수준이지요. 이들이 '출입처'를 정해 각자의 영역을 나눕니다. 이를테면 사회부에 10명이 있다고 하면 어떤 기자는 법원을 담당하고, 다른 기자는 검찰을 담당하고, 또 다른 기자는 경찰을 담당하는 식이죠. 이렇게 우리 사회의 전 분야를 포괄할 수 있도록 나눠놓았습니다. 출입기자는 해당 출입처로 출퇴근합니다. 법원 출입기자는 회사로 출근하지 않고 아침에 곧바로 법원 기자실로 가는 식입니다.

그러나 미디어가 모든 분야를 다 포괄하는 데 애를 먹는 것도 사실입니다. 내가 발견한 사례가 있어요. 감사원은 헌법으로 정해진 막강한 기관인데도 우리 언론에서 잘 다루지 않아요. 이유는 출입처 배분에 있다고 봅니다.

보통 감사원은 정치부 담당인데, 정치부의 주요 출입처는 청와대나 국회 각 정당이며 주요 관심사는 '선거'와 이를 둘러싼 당내 흐름 등입니다. 감사원은 주로 국무총리실이나 통일·외교부 등을 담당하는 기자가 함께 맡는데, 아무래도 주요 관심사인 정치 이슈와 결이 좀 다르다 보니 집중 취재를 잘 안 하고 발표 내용만 살피게 되는 것 같습니다. 이렇게 상대적으로 소외되어 있는 영역이 감사원만은 아닙니다. 언론사도 이런 문제를 인지하고 기존의 출입처 배분을 넘어서 다양한 영역을 들여다보려 항상 노력하고 있지만, '사각지대'는 언제나 존재하기 마련입니다.

뉴스를 통제하는 사람들은 누가 통제할까

주요 언론은 여러 단계의 데스킹을 거치므로 사실관계를 좀 더 치밀하게 검증하고, 신빙성이 떨어지는 뉴스(기사 또는 보도)는 미리 걸러낼 수 있다는 장점이 있어요. 그러나 이런 구조에는 약점도 있습니다. 데스크를 통과하지 못하는 뉴스는 나갈 수 없다는 점입니다.

보통 데스크는 부장급이 많이 맡는데, 사회부 같은 큰 부서엔 경찰과 검찰에서 나온 뉴스를 각각 담당하는 차장급 데스크를 한 명씩 더 두기도 해요. 어쨌든 언론사 편집국(방송에선 보도국)에서 데스크는 20~30여 명입니다. 이들이 뉴스거리를 검증하지만, 바꿔 말하면 이들이 뉴스를 탈락시키는 역할도 한다는 의미입니다. 부장급 데스크에서 1차 선별이 이뤄지니까요. 그리고 부국장단이나 편집국장 등을 거쳐 내보낼 뉴스를 확정하죠. 이들도 각 부장이 보고한 기사 중 일부를 탈락시킵니다.

즉 어떤 뉴스를 내보낼지 선택하고 어떤 논조로 할지 설정하는 문제에서 언론사는 피라미드형으로 의사결정이 이루어지고 있는 셈입니다. 이렇게 각 길목에서 이뤄지는 뉴스 선별을 '게이트 키핑(Gate Keeping)'이라고 합니다.

그런데 역으로 이 게이트 키퍼들을 통제할 수만 있다면 손쉽게 뉴스를 통제할 수 있게 됩니다. A기자가 아무리 좋은 뉴스를 발굴해도 부장이나 편집국장이 '노(No)'라고 하면 그 뉴스는 세상으로 나갈 수 없습니다. 물론 사실관계가 취약하거나 오류 가능성이 있는 기사를 미리 걸러내기 위한 장치이지만, 악용한다면 어떤 뉴스는 억지로 내보내고 또 어떤 뉴스는 무조건 막을 수도 있어요. 이것이 피라미드형 편집 구조의 약점입니다. 윗선만 통제하면 뉴스 전체를 통제할 수 있다는 뜻이니까요.

피라미드형 편집 구조는 일사불란한 지휘 통제엔 강점이 있습니다. 그러나 위에 언급했듯 기자 구성원 다수가 의아해하는 결정도 소수 간부가 내릴 수 있어요. '지휘권'은 어느 정도 인정하더라도, 도저히 받아들이기 어려운 정도의 결정에 대해서는 구성원들이 언론사별 기자협회나 회사 노조 등 기자 조직을 통해 문제를 제기하기도 합니다. 이런 내부 견제 장치가 지금보다 더 활성화할 필요가 있습니다.

미디어 리터러시, 이것이 기본

1. 미디어의 제1의 역할은 권력 감시·비판이며 이를 통해 사회를 바꾸기도 한다.

2. 규모가 크고 역사가 긴 미디어는 여러 단계의 검증을 거치므로 상대적으로 신뢰도가 높다.

3. 미디어의 편집 구조상 윗선인 게이트 키퍼를 통제하면 뉴스의 방향도 통제할 수 있다.

02 신문 기사는 왜 재벌에 약할까

－수익구조로 미디어 보기

이제 언론 뉴스를 볼 때 어떤 점에 유의해야 할지 본격적으로 살펴보려 합니다. 바꿔 말하면 이 부분은 우리나라 언론의 취약점이기도 해요.

언론의 제1의 역할과 사명은 권력에 대한 감시와 비판이라고 했죠? 그런데 권력은 정치 권력과 자본 권력으로 나눠볼 수 있어요.

앞서 예시한 최순실 국정농단 사태 특종 보도에 등장하는 매체는 《한겨레》, 《경향신문》, TV조선, JTBC입니다. 혹시 공통점을 발견했나요? 모두 신문이거나 신문사 계열 방송입니다. 여기에 KBS 같은 지상파 방송 이름은 없어요. 지상파 방송이 규모가 작거나 취재력이 떨어지거나 파급력이 작은 언론도 아닌데 말이죠. 물론 뒤의 2곳은 방송이지만 《조선일보》와 《중앙일보》가 만든 매체이기에 신문사와 같은 계열이라 볼 수 있습니다.

즉 신문사는 정치 권력을 감시·비판하는 역할을 상대적으로 잘 수행하고 있습니다. 반면에 방송 뉴스는 전반적으로 이 역할이 취약한 약점이 있어요. 대신 방송은 자본 권력에 상대적으로 강한 측면이 있습니다. 이 부분은 다음 장에서 지배구조 문제와도 연결해보기로 합니다.

다시 돌아와, 신문은 자본 권력에 약합니다. 자본 권력의 정점인 재벌 그룹에는 우호적이거나 비판의 강도를 조절하는 듯한 모습을 보일 때가 많아요. 왜 그럴까요?

그 이유를 언론사 수익구조의 관점에서 설명하려 합니다. 알고 보면 그럴 수밖에 없는 구조입니다. 이런 구조적인 왜곡이 왜 발생하게 됐는지도 간략히 짚어보기로 해요.

"이 기사 빼야겠는데?"
신문사가 재벌 눈치를 보는 이유

이런 적이 있었어요. 삼성 관련한 기사를 썼습니다. 지면의 톱기사로 들어가기로 돼 있었죠.

앞서 설명했듯 신문은 '가판'이라는 잠정본을 만들어요. 다음날 아침에 배달할 신문을 저녁쯤엔 잠정적으로 완성하거든요(그래야 기자들도 '퇴근'이란 걸 할 수 있겠죠?). 물론 이후에 발생하거나 보완해야 할 부분이 생기면 그런 내용도 아침까지 반영하도록 야간 수정 시스템을 갖추고 있습니다.

이 가판은 실제 종이신문 형태로 또는 PDF 서비스 형태로 유료 독자들에게 노출됩니다. 가격은 아침자 실제 신문보다 훨씬 비싸요. 일종의 미리 보기 형태니까요. 주요 고객은 기업이나 정부 기관 등입니다. 신문사 입장에서는 B2B 수익 모델인 셈이죠. 어떨 땐 기업이나 기관 독자가 이 서비스를 보다가 기자에게 작은 실수 같은 걸 알려주기도 합니다.

어쨌든 삼성 출입기자일 때여서 삼성에 관한 어떤 기사를 썼습니다. 그러자 삼성 임원이 가판을 봤는지 전화를 걸어왔어요.

"홍 기자, 기사 하나 썼네?"(삼성 임원)

"네, 혹시 무슨 문제라도 있나요?"(나)

"이 기사는 좀 빼야겠는데? 편집국장하고 얘기할 거니까 그렇게 알아."(삼성 임원)

그 임원은 대답도 듣지 않고 전화를 끊었어요. 아주 불쾌했나 봅니다. 그런데 전화를 끊으며, 들으라는 듯이 한 말이 압권이었어요.

"이따위 기사를 쓰고 있어!"

교묘하게, 혼잣말처럼 하니 따지기도 뭣했습니다.

여러분은 이 삼성 임원의 태도를 보며 어떤 생각이 드나요? 자기 회사 기사라지만 무슨 권리로 남이 쓴 기사를 신문에서 빼라 마라 하는 건지 이상하진 않나요?

하지만 그가 당당하게 요구하는 걸 보면 뭔가 믿는 구석이 있다는 걸 알 수 있죠. 또 편집국장과 얘기하겠다는 데서, 실제로 그의 말을 편집국장이 들어주곤 했다는 사실도 알 수 있습니다. 그는 일개 기자와 구질구질하게 상대하지 않고, 앞서 설명한 '편집 구조'를 활용해 게이트 키퍼와 함께 마음에 안 드는(즉 삼성에 우호적이지 않은) 기사를 조율하는 것입니다.

기사뿐만이 아닙니다. 삼성이 모 신문에 실리는 만평 작가를 문제 삼은 적도 있습니다. 삼성에 적대적인 내용을 자꾸 그린다는 거죠. 여러분이 생각하는 것보다 아주 세밀한 부분까지 손길을 뻗칩니다.

이게 어떻게 가능할까요? 왜 신문사는 삼성의 요구를 들어주는 걸까요? 삼성이 거액의 돈을 신문사에 내기 때문입니다. 물론 그냥 주는 것은 아닙니다. 삼성 그룹이 신문사에 지면 광고를 실으면서 광고비를 내고, 또 협찬의 형태로 제공하는 것이지요.

삼성을 예로 든 건 미디어에 가장 많은 돈을 내는 기업이기 때문이지, 다른 재벌 그룹도 마찬가지입니다. 큰 기업일수록 돈을 많이 내고, 신문사에 요구하는 것도 많습니다. 현대자동차, SK, LG 같은 4대 그룹, 더 나아가 10~20대 그룹 정도 되면 어느 정도의 금액을 신문사에 광고와 협찬으로 집행합니다.

삼성 등 재벌 그룹이 실제 신문의 콘텐츠를 얼마나 바꿔놓는지 이야기하긴 어려워요. 물론 삼성이 요구해도 신문사가 다 들어주는 건 아닙니다. 그러나 재벌 그룹의 자금 집행 없이는 신문사 경영

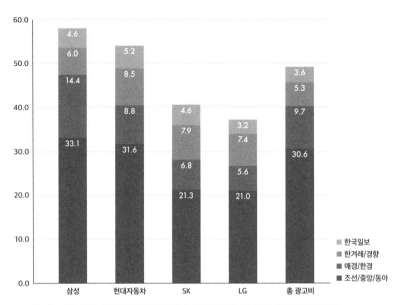

[표1] 4대 그룹의 신문광고 매체별 비중(2014년, 단위: %, 자료: 민주정책연구원)

은 불가능해졌고, 따라서 신문사는 구조적으로 그들의 요구에 따르기 쉽다는 점만큼은 분명합니다. 재벌 비판에 취약해지게 되는 거지요. 이런 문제는 구조적으로만 보면 보수언론인 이른바 '조중동'뿐 아니라《한겨레》,《경향신문》 등 진보언론은 물론 모든 신문에 동일하게 발생합니다.

재벌 그룹은 얼마만큼 돈을 낼까요? 2015년 민주정책연구원이 내놓은 〈4대 재벌의 언론사 광고 지배력 분석〉 연구보고서는 삼성의 2014년 신문광고 지출액을 1099억1500만 원으로 추산했습니다. 이 중 33.06%가《조선일보》,《중앙일보》,《동아일보》에 집행됐다고 분석했죠. 단순 계산하면 이른바 조중동에 총 360억 원가량

		지상파TV	라디오	신문	잡지	4대 매체 계	종합편성채널
삼성	금액	175,289	8,887	109,915	9,240	303,331	12,975
	점유율	6.97	4.48	5.56	1.94	5.87	3.18
현대자동차	금액	147,924	9,836	86,418	4,275	248,452	17,046
	점유율	5.88	4.95	4.37	0.90	4.81	4.18
SK	금액	116,275	5,062	57,890	3,105	182,332	8,642
	점유율	4.62	2.55	2.93	0.65	3.53	2.12
LG	금액	153,071	4,945	42,692	11,458	212,166	11,615
	점유율	6.09	2.49	2.16	2.40	4.11	2.85
4대 재벌 계	금액	592,559	28,730	296,914	28,077	946,280	50,278
	점유율	23.56	14.47	15.02	5.88	18.31	12.32
시장 전체	금액	2,514,870	198,555	1,977,296	477,207	5,167,927	408,255
	점유율	100	100	100	100	100	100

[표2] 4대 그룹의 매체별 광고비와 시장점유율(2014년, 단위: 백만 원, %, 자료: 민주정책연구원)

이 흘러 들어갔다는 것입니다.《한겨레》,《경향신문》엔 6%가량, 즉 총 70억 원 정도가 집행된 것으로 분석됐어요.

의미 있는 분석이긴 하지만 내가 보기엔 정확하지는 않아요. 보고서를 보면 삼성과 현대차 그룹의 광고 집행 규모가 별 차이가 없다고 해놓았지만 실제로는 그렇지 않은 게 단적인 사례입니다.

이 보고서는 주로 신문에 실리는 광고와 추산 단가 등을 결합해 분석한 것입니다. 그러나 요즘 기업은 '협찬'이란 방식을 사용하므로, 미디어에 표출되는 광고와 총 지급 금액은 별개인 경향이 도드라집니다. 협찬은 1년간 금액을 정해놓고 순차적으로 집행하는 방식을 뜻합니다. 이 금액은 지면에 광고가 몇 번 들어가는지와는 일치하지 않아요.

따라서 특정 신문사가 삼성으로부터 1년에 얼마를 받는지 정확하게 확인할 방법은 사실상 없습니다. 오로지 삼성과 해당 신문사만 알겠죠. 양측은 당연히 이 액수를 대외적으로 밝히지 않습니다.

다만 주요 일간지의 경우 100억~200억 원가량이라고 보면 대충 맞습니다. 이 액수는 신문사 입장에서는 엄청난 금액입니다. 주요 일간지라고 해도 연간 매출이 기껏해야 1000억~2000억 원 정도에 그치는데 그중 10~20%를 삼성이 대고 있는 것이니까요. 현대차 그룹은 삼성의 절반, 다른 주요 재벌 그룹은 현대차의 절반 정도라고 생각하면 대충 맞습니다.

몇 개 그룹이 돈을 일제히 안 내면, 그 신문사는 바로 적자로 돌아섭니다. 물론 재벌 한두 곳이 금액을 축소해도 당장 신문사가 문을 닫지는 않겠죠. 그러나 그게 길어지면 기자와 직원 월급을 지급할 수 없는 상황에 몰릴 수도 있어요. 신문사가 이들 재벌 그룹의 눈치를 보지 않을 수 없는 이유입니다.

'이재용과 삼성'으로 보는 미디어

앞에서 예시한 《중앙일보》의 칼럼 〈이재용 부회장에게 나라 위해 기여할 기회를 주자〉를 다시 생각해봅시다.

이 칼럼은 "재벌 3세 이재용에게 특혜를 주자는 것도 아니고 허물을 없었던 것으로 하자는 것도 아니다"라고 하면서도 사면·복권을 말합니다. "국가를 위해 글로벌 역량을 발휘할 기회를 주자"는 이유에서 말이죠. 그런데 이 말은 그가 삼성의 총수이므로 석방하자는 뜻과 크게 다르지 않아 보입니다. 이런 걸 보통 '특혜'라고 부릅니다. 이게 특혜가 아니라면 뭐가 특혜일까요?

해당 칼럼을 쓴 중견 언론인은 진정으로 나라를 걱정하는 마음으로 글을 썼을지도 모릅니다. 여기서 특정 신문이나 특정인을 폄훼하려는 생각은 없습니다. 그러나 《중앙일보》를 비롯한 모든 신문이 삼성의 영향력에서 벗어날 수 없는 구조라면, 그런 영향력을 항상 염두에 두고 뉴스를 수용해야 한다는 얘기를 하고 싶은 겁니다.

실제로 《중앙일보》뿐 아니라 거의 모든 신문이 이재용 석방을 적극적으로 요구하거나 그 문제에 침묵하는(즉 석방에 반대하지 않는) 방식으로 뉴스를 만들었어요.

앞서 '협찬'이란 용어를 소개했었죠? 삼성이 협찬으로 C신문사에 연간 100억 원을 집행한다고 합시다. 이 협찬금은 암묵적으로 정해져 있어요. C신문사 입장에서는 "내년엔 110억 원으로 올려서 받자"는 희망이 있을지 모르겠지만, 그건 C사의 생각일 뿐이죠. 주는 쪽, 즉 삼성이 결정하는 문제니까요.

내년에 110억 원으로 협찬금을 올려줄지, 90억 원으로 깎을지는 매번 달라질 수 있습니다. 100억 원도 암묵적으로 설정된 것이니, '경영난'이나 '마케팅 비용 삭감 방침' 등을 이유로 협찬금을 삭감하는 건 일도 아닙니다. 그런다고 신문사가 뭐라 불만을 제기할 수 있는 것도 아니고요.

그런데 요즘 삼성이 협찬액을 상당히 줄였다고들 합니다. 물론 코로나로 인한 불황 등의 영향이 크겠죠. 하지만 삼성은 신문사 관계자들에게 이런 말도 합니다.

"부회장님도 저렇게 돼 있으시고…. 이런 분위기에서 어떻게 협찬을 정상적으로 진행하겠어요?"

총수가 구속 수감되는 바람에 회사 분위기가 우중충하고, 돈 쓰고 잔치할 분위기가 아니란 거죠. 지금은 가석방이 되었지만, 취업 제한이 걸려 있고 완전히 사면 복권된 것도 아니며 여론 면에서도 몸을 낮춰야 할 상황이니, 삼성 입장에서는 여전히 잔치할 분위기는 아니라고 느낄 수 있습니다. 이 또한 틀린 말도 아닐 겁니다.

그런데 신문사들은 환장할 노릇이죠. 삼성이 돈을 안 내니 말입니다. 경영 실적은 악화하고 사장과 임원은 무능한 경영진으로 평가받게 되겠죠? 언론사 경영진이 임명·해임하고 감독하는, 뉴스 콘텐츠 제작의 총책임자인 편집국장도 압박을 받지 않을 수 없습니다.

삼성뿐 아니라 다른 재벌 그룹도 삼성에 발맞추곤 합니다. 삼성의 절반만 내자는 게 어떤 그룹의 방침인 경우도 있습니다. 즉 삼성의 예산 집행을 바로미터 삼아, 삼성이 돈을 줄이면 다른 그룹도 그에 맞춰 협찬을 줄이는 것이죠. 삼성을 따라 다른 그룹이 연쇄적으로 협찬을 줄이면 미디어는 더욱 곤란해집니다.

결론적으로, 이재용 부회장의 석방이나 사면이 신문사 이해와 무관치 않게 됩니다. 이는 신문사 편집국, 즉 기사에도 영향을 미치게 됩니다. 모두가 그렇다는 게 아니라, 구조적으로 그럴 가능성이 크다는 뜻입니다.

실제로 삼성이 언론에 미치는 영향력을 보여준 사례가 있습니다. 2019년 9월 삼성 불법 경영권 승계 의혹 사건에 대한 검찰의 공소장에 이런 내용이 담겨 있습니다.

> ¶ 피고인 장충기와 미전실(*미래전략실: 삼성그룹 컨트롤타워격인 조직, 지금은 해체됐음) 홍보팀은 언론매체들의 이 사건 합병 관련 기사를 가판 형태로 매일 취합하여 점검하면서 합병 성사에 역효과를 야기할 우려가 있는 기사 등에 대해서는 해당 언론사를 상대로 연락하여 본판에서 제목, 내용을 삭제 또는 수정한 다음 보도하게 하였고, (…) 이 사건 합병의 문제점을 지적하는 메트로신문 대표에게 소속 편집국장을 해고하지 아니하면 광고 및 협찬을 줄이거나 지원하지 않겠다는 취지로 압박하여 위 기사가 보도되지 못하도록 하였다.

비판적인 기사에 대해 협찬을 앞세워 수정·삭제하거나, 심지어 편집국장을 교체해버리려 했다는 것입니다. 물론《메트로》는 전통 있는 주요 언론은 아니지만, 언론과 재벌이 어떤 관계를 맺고 있는지 한 단면을 보여주는 공소 내용입니다. 작은 언론은 편집국장도 날려버리겠다고 할 정도니, 주요 신문사 구성원도 어떤 경우엔 삼성과의 관계를 의식하지 않을 수 없겠죠.

삼성뿐 아니라 다른 재벌 그룹도 마찬가지입니다. 다만 협찬 액수에 따라 그 영향력이 달라질 뿐입니다.

이런 상황이 어제 오늘 얘기는 아닙니다. 임봉수 동서대 영상매스컴학부 교수 등은 2014년 발표한 〈뉴스와 광고의 은밀한 동거: 광고주에 대한 언론의 뉴스 구성〉이라는 논문에서, 국내 10대 광고주와《중앙일보》,《조선일보》,《경향신문》,《한겨레》 등 4개 일간지를 대상으로 광고와 기사의 상관관계를 분석했습니다. 1997년부터 2008년까지 12년 동안 이들 신문에 실린 5187건의 기사를 전수 조사했어요. 삼성전자 등 10대 광고주의 명단을 각 신문사에서 직접 입수해 상관관계를 대조한 것이죠.

¶　　광고수주액이 많은 기업일수록 관련 기사 수가 많았다. 또한 광고주 관련 기사는 해당 기업에 대해 부정적이기보다는 긍정적인 경우가 많았다. 특히, 광고주 관련 기사의 우호적인 성향(친기업성향)은 기사의 제목보다는 본문의 논조에서, 본문 논조보다는 보도 프레임에서 더욱 두드러지게 나타나는 구조적인 특징을 보였다. (…) 기업에 우호적인 중앙일보와 중립적인 조선일보는 물론이고, 기업에 대해 비판적인 입장을 견지하는 것으로 인식되어 온 한겨레와 경향신문까지도 전반적으로 기업에 우호적인 보도 성향을 보였다.

그러니 신문 기사를 볼 때 재벌 그룹과 관련된 기사라면 각별히 유의할 필요가 있습니다. 그 재벌 그룹에 대해 어떤 태도를 취하는지, 왜 그런 태도를 취하는지 등을 생각해보는 것이지요. 이 부분은 미디어 리터러시에서 정말 기본적이고도 중요한 대목입니다.

삼성이나 국내 재벌에만 국한된 얘기도 아닙니다. 동서고금을 가리지 않고 광고주의 미디어 압박은 늘 존재해왔습니다. 전통 있는 잡지인《리더스 다이제스트》가 지난 1957년 흡연이 건강에 영향을 미친다는 기사를 게재했다가 담배회사로부터 광고를 취소당했고, 자동차 타이어의 취약점을 실험한 미국 방송국 NBC도 GM사로부터 광고를 취소당했죠.

임봉수 교수팀의 논문은 "윌리암스(Williams, 1992)가 미국의 41개 신문 부동산 담당 기자들을 대상으로 설문 조사한 결과, 4분의 3가량이 부정적인 뉴스에 대해 광고주가 광고 게재를 하지 않겠다고 협박했다는 사실을 확인했다"는 내용도 전하고 있습니다.

물론 이런 취약점은 신문사도 잘 알고 있어요. 미디어도 나름의 사명감과 자존심이 있는데 재벌 눈치를 보는 구조가 좋기만 할까요? 그래서 이런 구조, 즉 재벌의 협찬에 의존하는 구조를 벗어나려 노력하고 있습니다. 대안을 못 찾고 있을 뿐이죠. 신문 업계가 조속히 이런 구조적 취약점을 해소하기를, 다시 말해 새로운 수익 모델을 창출하기를 촉구해봅니다.

신문 기사는 왜 재벌에 약할까

자본에 취약한 신문을 노리는 정치 권력

지난 2007~2008년에 삼성은《한겨레》와《경향신문》에 광고 게재를 전면 중단한 적이 있어요. 앞서 김용철 변호사의 '삼성 비리 폭로' 관련해 두 신문이 삼성을 겨냥한 적나라한 비판 기사를 연속 보도했기 때문입니다.

당시 삼성 측은 "비판적인 기사 옆에 광고를 실으면 역효과가 날 수 있다"며 광고 중단 이유를 밝혔죠. 이것을 뭐라고 하기는 어렵다고 봅니다. 광고 게재는 광고주의 마음이니까요.

당연히 당시 두 신문사의 경영지표는 악화했어요. 삼성을 비판하는 두 언론에 대한 시민들의 격려 광고도 있긴 했지만, 삼성의 광고·협찬 액수에 비해선 터무니없이 작아 대안이 될 수 없었습니다. 시민들이 격려 광고를 100억 원어치 해주진 않잖아요.

그런데 당시 이명박 정부가 이 부분을 교묘히 악용했다는 점이 더 큰 문제입니다. 이명박 정부는 애초에 삼성과 삼성에 비판적 신문들의 입장 충돌로 빚어진 이 대립을, 정권 차원의 신문 죽이기 전략에 활용하려 한 측면이 있어요. 삼성을 비판한 두 신문은 공교롭게도 이명박 정부에도 비판적인 신문이었지요.

방법은 간단합니다. 자본 권력은 정치 권력의 영향을 직간접적으로 받아요. 삼성도 기업활동을 하기 때문에 정부의 각종 규제에서 자유롭지 못합니다. 실제로 이재용 부회장도 정치 권력의 눈치를 보며 최순실에게 금품을 제공한 것이 문제가 되었지요.

만약 정부가 삼성에 '특정 신문에 대한 광고·협찬을 중단하라'는 지침을 준다면? 이런 일이 현실에서 일어났습니다. 물론 공식적으로 정부가 삼성에 요구하는 건 아니죠. 물밑에서 협의하거나 종용하는 것입니다. 일부 신문사는 이때 정말 문을 닫을 뻔했어요.

또 기업만이 아니라 정부와 공공기관도 신문에 광고를 합니다. 신문사가 참여할 수 있는 여러 수익 사업도 펼치죠. 정부가 마음먹고 어느 한 신문사를 그런 사업에서 제외한다면, 그 신문사로선 큰 손해를 입을 수밖에 없습니다.

대통령이 임명하는 자리가 3만 개에 달합니다. 청와대 참모는 물론이고 정부 부처의 장·차관 같은 관료에서 공공기관장, 각종 공기업 사장 등 이루 헤아릴 수 없을 정도죠. 이런 기관이 신문에 광고도 집행하고 지원도 하며 여러 미디어 입찰 사업 등도 펼칩니다. '나와 친한 사람'이 그 자리에 있으면 함께 사업해서 수익을 낼 기회를 얻기가 수월해지겠죠. '상대적으로 가까운' 정치세력이 집권하면 신문사 장부에도 활기가 돈다는 게 정설입니다.

물론 그게 정치 권력과 특정 신문사가 가까운 본질적인 이유는 아닙니다. 지향점이 비슷하다는 게 가장 큰 이유일 겁니다. 그러나 수익 문제가 전혀 없다고 하면 거짓말일 거예요. 정치 권력도 이를 통해 신문사에 일정한 영향력을 미칠 수 있겠죠?

반대로 정치 권력은 자신들과 거리가 멀다고 생각하는 신문은 약화시키려 합니다. 보통 《조선일보》, 《중앙일보》, 《동아일보》는 보수 정치세력과 가까운 것으로 인식됩니다. 《한겨레》와 《경향신문》은 진보 정치세력과 가깝다고들 하죠. 그래서 진보 정치세력은《조선일보》,《중앙일보》,《동아일보》의 비판력을 떨어뜨리기 위해 여러 시도를 하고, 반대로 보수 정치세력은《한겨레》와《경향신문》을 약화시키려 하죠.

정치 권력과 재벌이 물밑에서 얘기하지 않아도, 이런 나뉜 구조가 그 자체로 복합적인 효과를 내기도 합니다. 예컨대 현재 정부가 진보 성향이라면 삼성이 보수 신문들과 대대적인 협력 사업을 펼칠 수 있을까요? 반대로 삼성이 박근혜 정부 당시 정부에 비판적이었던《한겨레》와《경향신문》을 대대적으로 지원할 수 있었을까요? 눈치가 보일 겁니다.

이런 정치·자본 권력의 '협공 아닌 협공'에 맞서는 게 미디어의 사명이지요. 미디어에 '권력을 칭찬하라'고 말하는 사람은 미디어의 본질을 이해하지 못하거나 거기에 관심이 없는 사람이에요. 언론의 본질은 권력에 대한 감시와 비판입니다. 도리어 정권에 따라서 어떨 땐 비판을 멈추거나 살살 하곤 하는 신문의 행태를 지적해야 할 것입니다.

삼성을 비판하는 신문들

이런 신문의 수익구조의 문제점에도 불구하고, 가끔씩 삼성 등 재벌을 비판하는 신문도 있습니다. 아주 자신 있거나, 정체성 문제로

비판을 아주 안 할 수는 없는 미디어들입니다. 전자는《조선일보》
이고, 후자는《한겨레》와《경향신문》입니다.

아주 재미있는 사례가 있어요. 지난 2012년 이재현 CJ 회장을
삼성 직원들이 미행하는 사건이 벌어졌습니다.《경향신문》이 1면
톱에 미행 사진 등을 포함해 가장 먼저 크게 기사를 썼고,《조선일
보》와《한겨레》도 이 문제를 집중적으로 다뤘죠. 당시에 삼성 기자
실에서, 이 세 신문이 아닌 다른 신문사에 다니는 선배가 이런 말을
했어요.

"이 사안의 단독 보도는 왜 특정한 신문 세 곳에만 집중되지?"

아주 쉬운 질문이고 답변은 이렇습니다. '삼성을 그나마 한 번
쯤은 때릴 수 있는 신문이기에 제보가 이 세 곳에 몰린 것이다.'

특히 삼성은《조선일보》의 비판을 뼈아프게 여깁니다. 영향력
도 큰 신문이고, 삼성 의존도가 그나마 낮은 편이며(광고주가 다양하
죠), 무엇보다 보수 성향의 점유율 1위 신문이 기업을 비판하는 것
자체가 뼈아프다는 것입니다.《조선일보》도 이를 잘 알고 있습니
다. 그래서 삼성이나 기업을 격려하는 기사를 주로 내보내다가도
문제가 있으면 아주 세게 비판해요.

《한겨레》와《경향신문》은 재벌도 비판할 수 있는 신문사를 표
방하고 있어서, 구조적인 모순에도 불구하고 문제가 있을 때는 기
사로 삼성 등을 비판하려고 내부에서 노력해요. 독자들이 그걸 기
대하거든요.

'아주 자신 있거나, 정체성 문제가 걸려 있거나.' 이 둘 중 하나

가 아니면 현실적으로 삼성을 강하게 비판할 필요도, 비판해서 얻는 효과도 없습니다. 언론이 삼성과 싸웠을 때 어떻게 될지 2014년 경《전자신문》의 사례를 들어 살펴보지요. 당시《전자신문》이 삼성 갤럭시S5를 부품 수율(불량률의 반대 개념) 문제로 비판한 〈출시 코 앞 갤럭시S5, 카메라 렌즈 수율 잡기에 안간힘〉 기사를 내보내자, 삼성전자가 오보라며 3억4000만 원의 손해배상 청구 소송을 제기하는 한편 광고 중단과 절독 등으로 압박했어요.

《전자신문》은 1면에 〈알립니다: 삼성전자가 제기한 민사소송에 대한 전자신문의 입장은 이렇습니다〉라는 제목의 글을 실어 "자사 입맛에 맞지 않는 기사라고 입에 재갈을 물리려고 한다면 어떤 비판도 기업 안에 들어가 혁신을 일으킬 수 없다. 언론의 매서운 비판을 겸허하게 수용해야 할 기업이 오히려 언론을 길들이겠다고 소송을 남발한다면 국가의 발전과 인류 가치 증대는 기대할 수 없게 된다"고 강조하며, 이후에도 삼성 관련 비판 기사를 연속으로 내보냈습니다.

사실 결과는 정해져 있었어요. 미디어 업계는 다 알았는데《전자신문》만 그걸 몰랐을 뿐입니다. 약 6개월 후,《전자신문》은 "갤럭시S5에 적용된 카메라 렌즈의 수율은 보도 시점 당시 양산을 시작하는 데 문제가 없는 수준이었고, 이에 따라 갤럭시S5 생산도 당초 계획대로 진행된 것으로 확인됐다"며 오보를 인정했고, 삼성이 소송을 취하하고 광고를 재개하면서 양측 갈등이 봉합됐지요.

결과가 정해져 있었다는 말, 이런 현실을 정말 안타깝게 생각합니다.《전자신문》은 전문지 중에서 최고 수준의 기사 품질로 유명합니다. 그렇지만 재벌의 총공세에 체면을 구길 수밖에 없었습니다. 이것이 당연하거나 어쩔 수 없다는 이야기는 절대 아닙니다. 하지만 재벌 그룹, 특히 압도적인 광고·협찬 금액을 자랑하는 재계 1위 삼성과 그 광고·협찬을 받는 미디어가 정면 대결하는 게 그만큼 구조적으로 쉽지 않은 일입니다.

미디어 리터러시, 이것이 기본

1. 신문은 자본 권력에 취약한 수익 구조를 갖고 있다

2. 삼성 등 재벌이 신문에 내는 협찬금은 상당해서 이에 걸맞은 영향력을 행사할 가능성이 크다.

3. 신문의 자본 문제는 다른 권력의 공격 타깃이 되기도 하며, 신문의 최대 해결 과제다.

4. 재벌 문제를 다루는 신문 기사를 볼 때 이면의 구조를 참고하는 게 좋다.

신문 기사는 왜 재벌에 약할까

03 방송 뉴스는 왜 정부 편일까
ㅡ지배구조로 미디어 보기

여러분은 TV를 통해 가끔 방송 뉴스를 볼 겁니다. 그런데 KBS와 MBC 같은 전통 있는 방송 뉴스가 정치 권력에 취약하다는 걸 아는 시청자는 생각보다 많지 않아요.

사실 '공영방송'이라 불리는 한국방송공사(KBS)와 문화방송(MBC), 교육방송공사(EBS) 등은 사실상의 공기업입니다. 당연히 정부 편에 설 가능성이 크겠죠?

그리고 케이블 뉴스 채널 중 YTN도 실질적으로는 공기업 형태에 가깝습니다. 국내 1위 통신사인 연합뉴스와 그 자회사인 연합뉴스TV도 마찬가지입니다. 즉 한국 정부는 KBS, MBC, EBS, YTN, 연합뉴스, 연합뉴스TV 등 겉으로는 민간 언론사인 듯 보이지만 사실은 정부가 좌지우지할 수 있는 대형 언론사를 여럿 보유하고 있는 것과 마찬가지입니다.

사정이 이렇다 보니 대통령을 파면시키기까지 한 최순실 게이트 같은 권력 비판·감시의 하이라이트에 이들 방송·통신이 이름을 올리지 못하는 것입니다. 예컨대 최순실 사태가 불거지던 당시에 KBS 내부에서도 취재와 보도의 필요성이 제기되었지만, 모 국장이 "최순실이 대통령 측근이야?"라고 따지는 등 적극적인 보도를 하지 않겠다는 상부 분위기가 있었다고 합니다. 대통령의 눈치를 본 것이겠죠. 결국 KBS는 박근혜 당시 대통령이 최순실에 대한 엄정한 수사를 언급한 뒤에야 최순실 게이트를 적극적으로 보도하기 시작했다는 게, 나중에 꾸려진 KBS 내부 조사위원회의 지적입니다.

　지금부터는 방송의 지배구조를 살펴본 뒤 공영 언론의 취약점과 부작용 등을 살펴보기로 해요. 국내 주요 미디어의 본질을 살펴볼 좋은 기회가 될 것입니다.

전국 단위 지상파 방송, 보도채널, 1등 통신사 다 가진 정부

먼저 방송 중 최대 규모와 영향력을 자랑하는 지상파 미디어 KBS부터 살펴볼까요. 이 방송사는 MBC나 YTN 등과 달리 주식회사가 아닙니다. 실질적으로 대한민국 정부 소유인 국가기간방송사로, 설립과 운영 형태상으로는 국가기관과 비슷한 부분이 있어요. 그래서 국정감사 대상이기도 하죠.

우리나라엔 방송통신위원회(방통위)란 게 있습니다. 위원회 형태지만 사실상 정부 부처 역할을 합니다. 여기엔 5명의 상임위원이 있는데, 위원장을 포함한 2명은 대통령이 임명합니다. 나머지 3명 중 1명도 여당(대통령이 소속돼 있거나 소속됐던 정당)이 추천해 대통령이 임명합니다. 다른 2명은 야당이 추천해 대통령이 임명해요. 즉 방통위는 대통령의 영향을 받는 정부조직이라 보면 됩니다.

KBS 이사는 이 방통위가 추천하고 대통령이 임명합니다. 즉 여권이 더 많은 이사를 임명할 수 있는 거죠. 11명의 이사 중 관행적으로 여당이 7명, 야당이 4명을 임명합니다. 사장 또한 이사회 제청으로 대통령이 임명해요. 한마디로 KBS 경영진은 대통령이 임명하는 것입니다.

KBS는 준조세 성격인 '수신료'로 운영됩니다. 매달 날아오는 전기요금 고지서에 수신료도 포함돼 있습니다. KBS 전체 예산의 절반가량을, 국민이 내고 공기업(한국전력)이 거둬들이는 이 수신료가 책임지고 있어요.

앞서 미디어 편집 구조상 취약점을 살펴봤죠? 윗선을 통제하면 뉴스 전체를 통제할 수 있는 구조상, KBS 사장과 이사회를 대통령이 임명하면 이 방송사가 보도하는 뉴스 방향에 결정적인 영향을 미칠 수 있어요.

EBS도 정부 소유이며, 사장과 이사는 방통위가 임명합니다. KBS와 EBS의 자본금 전액(각각 3000억 원과 1000억 원)은 정부가 댔습

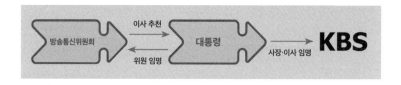

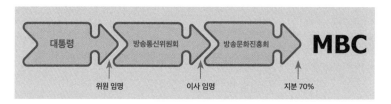

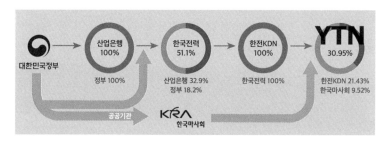

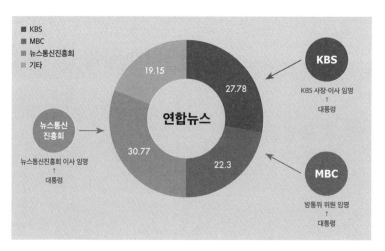

[표3] 각 언론사별 지배구조

방송 뉴스는 왜 정부 편일까

니다.

또 하나의 거대한 지상파 방송사인 MBC는 어떨까요? MBC는
주식회사 형태인데, 대주주는 전체 주식의 70%를 소유한 방송문
화진흥회(방문진)란 곳입니다. 그런데 방문진 이사는 또 방통위가 임
명해요. 이렇게 정부가 임명한 방문진 이사들이 MBC 사장을 결
정하고(형태는 사장 후보를 내정하고 주주총회에서 최종 선임되는 식이지만, 방문진
이 주식 70% 이상을 소유했기 때문에 방문진 이사들이 결정한다고 해도 무방합니다),
방송사 운영을 관리·감독합니다. 즉 정부 → 방통위 → 방문진 →
MBC로 이어지는 지배구조를 가진 셈이죠.

YTN은 민간 보도 채널이고 주식시장에 상장도 돼 있지만, 주요
주주를 살펴보면 얘기가 달라집니다. 공기업인 한국전력이 100%
지분을 보유한 자회사이자 역시 공기업인 한전KDN이 YTN 주식
의 21.43%를, 한국마사회가 9.52%를 갖고 있습니다(2021년 6월 기준).

즉 정부 산하의 공기업이 YTN 지분 30% 이상을 가진 대주주예
요. 주식회사에선 주주총회 등을 통해 경영진을 임명·해임하는데,
주주총회는 다수결로 진행되기 때문에 30%의 지분은 결정을 좌지
우지할 수 있습니다.

사실 YTN은 연합뉴스가 만들었던 방송입니다(YTN에서 철수한 연
합뉴스는 연합뉴스TV란 보도 채널을 새로 만들었어요). 연합뉴스는 일반적인
미디어가 아니라 통신사입니다. 통신사란 다른 언론 회원사들에게
뉴스를 '도매'로 공급해주는 곳입니다. 다양한 뉴스 기사를 작성해
서, 이를 필요로 하는 기관 및 언론들에게 돈을 받고 파는 회사인

거죠. 언론들은 자체 인력만으로는 모든 지역과 분야를 다 취재해서 뉴스를 작성하기 힘들기 때문에 필요할 때 이런 통신사의 뉴스를 이용하게 됩니다. 그런데 요즘엔 통신사들이 네이버 같은 포털에 뉴스를 바로 전송하기 때문에 뉴스의 '도매 공급자'라는 의미가 거의 상실된 상황입니다. 어쨌든 연합뉴스 또한 뉴스통신진흥회란 공공기관에서 관리·감독하며, 이 기관은 연합뉴스의 지분 30%가량을 가진 최대주주입니다. 연간 수백억 원의 정부 예산, 즉 국민 세금도 지원합니다. 이 진흥회 이사 7명도 대부분 대통령과 여당이 임명하는 구조예요. 결국 연합뉴스와 연합뉴스TV도 정부의 영향 아래에 놓이게 되는 것입니다.

이렇듯 다수의 방송들이 직접적으로 정부의 입김을 받고 있습니다. 그런 방송들이 현재 집권하고 있는 정치 권력의 문제를 강하게 비판할 수 있을까요? 그중에서도 특히 영향력이 큰 전국 단위 지상파인 KBS와 MBC에 대한 우려가 큽니다. 이준웅 서울대 언론정보학과 교수는 "공영방송 지배구조에서 가장 논쟁의 대상이 됐던 사항이 사장 추천 제도"라고 분석하며 다음과 같이 말합니다.

¶　공영방송 이사회가 정치적 독립성을 확보하지 못한 채, 전략적으로 사장을 선출하는 관행이 지배적이었다. 특히 이사회에서 다수를 점하는 대통령이 속한 정당 추천 이사진이 정파적 기준에 따라 사장을 추천하는 관행이 이루어졌다. 방송 경영과 편성에 대한 책임자인 공영방송 사장에 대한 정치적 공세가 이루어지고, 이에 대항하는 정치적 반격이 이루어지면

서 공영방송 경영이 정치적 갈등의 진원지가 되는 악습이 반복되고 있다.

반면 정부 영향을 받는 대형 언론사는 자본 권력으로부터는 상대적으로 자유롭습니다. 정부 예산을 지원받거나 수신료를 받기 때문이죠. 광고주도 공기업인 한국방송광고진흥공사(KOBACO)라는 대행사를 통해서만 KBS와 MBC 등에 광고를 집행할 수 있습니다. 광고주와 뉴스 사이에 공적인 완충 장치가 있는 셈입니다.

또 지상파 방송엔 뉴스만 있는 게 아니잖아요. 인기 드라마나 오락프로그램이 방영되고 있죠. 기업이 제품을 알리려면 여전히 이런 인기 프로그램 전후에 TV 광고를 하는 게 중요합니다. 기업으로서도 TV 광고는 중요한 마케팅 수단이라는 이야기입니다. 그래서 비판 뉴스가 나간다고 해서 바로 그 방송국 전체를 대상으로 광고를 빼기는 어렵습니다. 기업이 방송국에 직접적이고 구체적인 영향력을 행사하기는 현실적으로 어려운 게 사실입니다.

다만 정부가 관심을 두는 기업에 대해서는 정부 입장에 따라 뉴스가 만들어질 위험은 있어요. 자본 권력의 영향은 아니지만 자본 권력을 바라보는 정치 권력의 기호를 반영할 가능성이 있는 구조란 뜻입니다.

참고로, 지상파 방송 중 서울에서 볼 수 있는 지역 민간방송인 SBS는 SBS미디어홀딩스(개인 대주주가 티와이홀딩스를 통해 지배함)가 36.92% 지분율로 최대주주입니다. 즉 SBS는 개인이 대주주인 지역 민방이에요(요즘은 지상파를 케이블TV로 보는 사람들이 많아 '지역 전파 송출'

이란 제약이 많이 퇴색했습니다).

종합편성채널(종편)인 TV조선, JTBC, 채널A, MBN 또한 각각 《조선일보》와 《중앙일보》, 《동아일보》, 《매일경제신문》(또는 그 계열사)이 최대주주인, 역시 개인이 대주주인 케이블 채널입니다. 즉 SBS와 종편은 같은 방송이라도 KBS, MBC, YTN 등과 완전히 다른 지배구조를 갖고 있어 정치 권력의 영향에서 상대적으로 자유롭습니다.

권력을 비판하는 뉴스
권력을 돕는 뉴스

사례를 통해서 보면 정부의 영향을 받는 미디어의 특성을 보다 쉽게 이해할 수 있을 것 같습니다. 박근혜 정부 때인 2016년 8월, 이런 뉴스가 전파를 탑니다.

[단독] 이석수 특별감찰관, 감찰 상황 누설 정황 포착

[앵커]

우병우 청와대 민정수석에 대한 감찰을 진행 중인 이석수 특별감찰관이 특정 언론사 기자에게 감찰 진행 상황을 누설해온 정황을 담은 SNS가 입수됐습니다.

감찰 내용 누설은 현행법 위반이어서 논란이 예상됩니다. ◇◇◇ 기자의 단독 보도입니다.

[리포트]

SNS에 따르면 이석수 특별감찰관은 특정 언론사 소속 기자에게 감찰하고 있는 대상은 '우 수석의 아들'과 '가족 회사 정강'이라고 밝힙니다.

감찰 이후의 처리 방침도 설명합니다.

'특별감찰활동이 19일이 만기인데, 우 수석이 계속 버티면 검찰이 조사하라고 넘기면 된다'고 말합니다.

우 수석 처가의 차명 보유 의혹을 받고 있는 화성 땅에 대해서는 '아무리 봐도 감찰 대상 법에는 해당되지 않는다'는 반응을 보였습니다.

이와 관련해 상대방이 문제점을 지적할 수 있는 '서류를 보내주겠다'고 하자, '일단 놔두자, 서로 내통까지 하는 것으로 돼서야 되겠냐'며 사실상의 상의를 이어갑니다.

특별감찰법은 감찰 내용의 외부 누설을 금지하고 있으며 위반할 경우 5년 이하의 징역 또는 5년 이하의 자격정지에 처합니다.

이 특별감찰관은 누설 의혹에 대해 '그런 오해를 받지 않기 위해 언론 접촉을 자제하고 있다'며 '감찰 종료 시까지 지켜봐 달라'는 문자 메시지를 보내왔습니다.

더 자세한 설명을 듣기 위해 사무실을 찾은 취재진에게는 입을 굳게 닫았습니다.

"유출하신 거 맞습니까? 취재에는 응해주셔도 되지 않습니까? 감찰관님!"

특별감찰관법은 감찰 내용 누설 금지와 정치적 중립 등 엄중한 의무를

부여해 다른 목적을 위한 권한 남용을 방지하고 있습니다.

이 당시는 우병우 청와대 민정수석의 비위 의혹이 연일 제기되는 상태였습니다.《조선일보》가 가장 먼저 기사를 쓰면서 모든 언론이 관련 기사를 쏟아내고 있었죠. 우 수석은 '사실이 아니다'라고 부인하는 동시에 몇몇 언론사들에 소송을 걸었습니다.

그러자 이석수 특별감찰관이 감찰에 나섰습니다. 특별감찰관은 대통령의 친인척 등 대통령과 특수한 관계에 있는 사람들을 조사하는 직책입니다. 우병우 민정수석 같은 청와대의 수석비서관들은 그 조사 대상이었죠.

그래서 감찰이 진행되던 중에 이 뉴스가 나온 것입니다. 보다시피 이석수 특별감찰관이 '특정 언론사'에 감찰 내용을 누설하는 큰 '죄'를 저질렀다는 논조이죠. 여기서 '특정 언론사'는《조선일보》를 가리킵니다. 이 뉴스를 내보낸 곳은? 바로 MBC였습니다. 미디어가 권력에 대한 감시·비판을 하지 않고, 도리어 권력에 대해 감시·비판하던 다른 미디어와, 권력을 감찰하던 특별감찰관을 공격했던 것입니다. 이는 당연히 특별감찰관의 감찰과《조선일보》의 권력 비판 보도를 위축시킬 수 있습니다. 당시 청와대나 박근혜 대통령, 우병우 수석 측이 반길 만한 내용이란 건 말할 것도 없겠죠.

그런데《경향신문》은 똑같은 재료, 즉 이석수 특별감찰관과 기자가 주고받았다는 메시지를 가지고 전혀 다른 내용의 기사를 냅니다. 한번 보면서 비교해볼까요.

방송 뉴스는 왜 정부 편일까

"민정에서 경찰 목을 비틀어놨는지 꼼짝도 못한다"

우병우 청와대 민정수석(49)이 특별감찰관 감찰을 방해한 정황이 구체적으로 드러났다. 우 수석이 물러나지 않으면 검찰 수사 등 향후 어떤 문제가 발생할 수 있는지 적나라하게 드러나 그의 거취 문제가 다시 쟁점으로 떠올랐다. 하지만 청와대는 "수사의뢰한 의도가 무엇이냐"며 강경한 분위기다.

18일 경향신문이 확인한 ㄱ언론사(*조선일보) 취재록엔 '우병우 벽'에 부딪힌 이석수 특별감찰관(53)의 토로가 생생하게 담겨 있다. 일부 언론의 비판과 달리 적발 내용 등 기밀사항은 없고 우 수석과 경찰 등의 비협조를 토로하는 내용이 주를 이뤘다.

취재록을 보면 이 감찰관은 "민정에서 (경찰) 목을 비틀어놨는지 꼼짝도 못한다"고 표현했다. 또 "심지어 (우 수석 가족회사인) '정강'의 자동차 리스회사인 XX캐피탈도 자료를 안 준다"며 "(민정이) 벌써 여러 군데 손썼다는 걸 느낀다"고 했다. 그는 "우(병우)가 아직도 힘이 있다. 검찰이든 경찰이든 째려보면 '까라면 까니까'"라고 분석했다.

특별감찰관팀은 우 수석 아들 우모 수경(24)이 서울경찰청 차장 운전병으로 근무하는 데 우 수석이 부당한 영향력을 행사한 정황을 파악했다. 그러나 우 수경 당사자조차 불러 조사할 수 없었다. 당사자와 경찰 측이 '참고인에 불과하므로 조사를 받지 않겠다'며 거부했기 때문이다.

이 감찰관은 또 대통령에게 직언하지 못하는 청와대 분위기도 가감 없이 전했다. 우선 박근혜 대통령이 우 수석 쪽에 서 있어서 감찰이 어렵다는 점을 언급했다. 그는 "감찰은 원래 기관장 힘을 입고 진행하는 것이며, 나 또한 검찰에서 감찰과장 할 때 총장 '빽'(힘)으로 했다"며 "그런데 감찰을 받는 쪽에서 그러고 있으니…"라고 했다. 그는 "감찰 개시한다고 이원종 청와대 비서실장에게 '대통령께 잘 좀 말씀드려라, 이거 앞으로 어떻게 되나'라고 했더니 (이 실장이) 한숨만 푹푹 쉬더라"고 전했다. 이 때문에 우 수석이 자신의 직위를 감찰이나 수사 등 비위 규명을 방해하는 수단으로 활용하고 있다는 우려가 나온다.

청와대는 공식적으로 '침묵 모드'를 유지하면서도 당혹감과 함께 불만을 표출했다. 청와대 관계자들은 "수사의뢰를 언론 보도 보고 알았다", "검찰 수사를 지켜보는 수밖에 없다" 등의 반응을 보였다. 관련 법령에 따르면 특별감찰관은 검찰 수사의뢰로 감찰을 종료하고 5일 이내에 대통령에게 보고해야 한다.

특히 이 감찰관에 대해 격앙된 반응과 함께 우 수석 거취와 관련해 강경한 기류가 흘렀다. 한 관계자는 "언론 보도로 제기된 (유출) 의혹 그대로 된 것 아니냐. 이 감찰관이 이렇게 하는 의도가 궁금하다"고 한 것으로 전해졌다. 다른 관계자는 "이것은 청와대 흔들기"라고 격앙했다. 청와대 참모들은 공통적으로 "(우 수석 의혹이) 사실로 입증된 게 없다. 거취 문제는 변동이 없다"고 전했다.

(…)

한편 시민단체 대한민국수호천주교모임은 이 감찰관이 감찰 내용을 특정 언론사에 유출했다면서 그를 특별감찰관법 위반 등의 혐의로 검찰에 고발했다.

기사의 방향이 완전히 다르죠? 특별감찰관과《조선일보》사이의 '내통'이 아니라, 둘이 주고받은 대화 속에서 민정수석이란 권력자가 어떻게 감찰을 방해하고 있는지 드러난 부분을 조명했어요.

권력을 감시·비판하느냐, 권력을 감시·비판하는 시스템을 비판하느냐는 크게 다릅니다. 어느 쪽이 언론의 본질적 사명인지는 여러분도 바로 느낄 거라고 생각해요.

결국 이석수 감찰관과《조선일보》기자는 MBC 보도로 인해 검찰 수사를 받았습니다. 정치 권력은 비판적인 보도가 나오면 '유출 경위'를 문제 삼는 경우가 많습니다. 비판을 차단하고는 싶은데 우악스럽게 하지는 못하니 어디서 그런 정보를 얻었냐면서 위법성 여부를 집중적으로 조사하는 식으로, 보도의 파급력을 떨어뜨리고 비판 당사자를 처벌하려는 것입니다.

그런데 왜 정치 권력처럼 '내통'과 '유출'을 들먹이며 정보 입수의 위법성을 묻는 보도를 하필이면 MBC에서 했을까요? 앞서 살펴본 대로 공영방송이 정치 권력에서 자유롭지 못한 게 큰 이유라고 봅니다. 문재인 정부가 검찰과 대립각을 세우고 있을 때 특정 검사장과 채널A 기자가 내통했다는 의혹도 MBC가 보도했지요. 단지 우연의 일치일지 생각해볼 문제입니다.

기자 개인이나 특정 방송사를 공격하려는 의도는 없어요. 물론 방송사나 통신사의 개별 기자들은 이런 정치 권력의 개입에 저항하고 아주 비판적인 뉴스를 만들어낼 때도 있습니다. 대부분의 기자가 이를 위해 노력해요. 실제 수많은 MBC 기자들이 '친정부 낙

하산 사장' 등을 반대하며 파업을 벌이다 고초를 겪기도 했습니다.

지금 이 책에서 말하고자 하는 건 구조적인 문제입니다. 정부의 간섭을 받는 방송·통신사는 그만큼 정치 권력의 입장을 대변하거나 적어도 이해하려는 보도 태도를 보일 가능성이 상당 부분 있다는 이야기입니다. 더 나아가 때로는 권력을 비판하는 언론의 뉴스에 맞서는 역할을 방송이 수행하는 경우도 있다는 것이죠. 그런 가능성을 두루 살피는 것이 미디어 리터러시의 하나입니다.

지배구조의 리터러시
대주주, 너는 누구냐

언론사도 회사입니다. 특히 주식회사 형태를 갖춘 곳이 대부분이죠. 따라서 대주주가 누구냐에 따라 그 언론사의 성격이 완전히 엇갈립니다. 언론사의 지배구조를 살피는 것은 미디어에 대한 이해를 높이는 데 큰 도움이 돼요.

가장 바람직한 지배구조는 '주인이 없는' 언론사의 경우입니다. 국내 주요 언론 가운데 《한겨레》와 《경향신문》이 그런 구조를 갖고 있어요. 《한겨레》는 국민주 방식으로 회사를 설립했습니다. 일종의 모금 과정을 통해 일반 시민이 주주로 참여했으므로, 언론사 방향을 좌지우지할 수 있는 개인 대주주가 없습니다. 《경향신문》은 사원주주회사입니다. 주식 대부분을 기자를 비롯한 직원들이 나눠 갖고 있어요. 역시 개인 대주주가 없죠.

이런 언론사는 특정인이 마음대로 뉴스를 움직일 수 없습니다. 물론 여러 방식으로 선출되는 CEO는 있지만 그가 완전히 마음대로 할 수는 없어요. 정도를 넘었다고 판단되면 기자들이 들고 일어나곤 합니다. 자본 권력에 취약하긴 하지만, 재벌의 개입 등이 노골적으로 작동하면 곧바로 구성원들이 제동을 겁니다. 사원들이 반발해 사장이 사퇴하기도 해요. 권력과 대결이 벌어질 때, 보도를 중단시키기 위해 권력이 가끔 사용하는 '대주주 위협하기'도 통하지 않죠. 괴롭히거나 위협할 개인 대주주 자체가 없으니 말입니다.

《조선일보》,《중앙일보》,《동아일보》는 대주주가 개인입니다. 정치 권력 비판은 어느 정도 잘 이뤄진다고 봅니다. 그러나 부작용도 있어요.

한번은 이들 신문 중 한 곳의 대주주의 상갓집을 취재한 적이 있어요. 별생각 없이 빈소 쪽으로 갔는데, 검은색 정장을 입은 남성 수십 명이 도열해 있더군요. 내가 들어가니 다들 날 노려봤습니다. 그냥 조문이나 먼저 하고 다른 조문객 등을 취재하자 싶어 계속 걸어갔더니 한 명이 제지하더군요.

"어이, 홍 프로. 취재 왔어?"

출입처에서 만난 적이 있어 서로 알고 지내는 기자 선배였어요. 알고 보니 도열한 사람들은 그 신문사 기자들이었습니다. 물론 회사 차원에서 규정에 따라 내부 고위직에 대해 어느 정도의 의전은 할 수 있다고 생각합니다. 그러나 기자 수십 명을 도열시켜놓은 것은 좀 무리한 조치로 보였어요.《경향신문》같은 곳에서는 상상도 할 수 없는 풍경이란 점은 분명합니다.

대주주에 대한 의전도 그렇지만 보도(혹시 보도할 일이 생기면)에도 영향을 미칠 가능성이 크겠죠? 특정 신문 개인 대주주의 가족이 모종의 술자리 접대와 성폭력에 연루된 것 아니냐는 '장자연 사건'에 해당 신문이 소극적이거나 방어하는 태도를 보여 사회적으로 논란이 벌어진 게 대표적인 사례일 겁니다.

대주주의 철학이나 내적 역량이 성숙했느냐의 여부가 뉴스의 전체적인 방향과 무관치 않다는 점도 취약한 부분으로 볼 수 있습니다. 대주주 개인이 권력의 위협을 받으면 회사 전체가 영향을 받는다는 것도 약한 고리죠. 미디어 대주주에 대한 수사나 소유 회사에 대한 세무조사, 또는 그러한 위협 등에 취약할 수도 있다는 뜻입니다. 이런 일이 가끔 실제로 벌어져 미디어 업계에서는 암암리에 회자되곤 합니다.

대신 대주주가 있는 신문은 의사결정이 빠르고 책임소재가 분명하다는 강점은 있습니다. 또 대주주의 자본 역량이 넉넉하다면 재무적으로도 안정적일 수 있어요.

전국 단위 지상파 방송사나 보도 채널, 통신사의 지배구조가 주요 언론 중 최악이라고 말할 수 있습니다. 정치 권력이 대주주인 셈이니까요. 권력, 그중에서도 가장 힘이 센 정치 권력을 감시·비판하는 미디어의 기능 자체가 중요 고비일수록 발휘되기 어려워질 가능성이 크겠죠.

정리하자면《한겨레》나《경향신문》처럼 대주주가 없는 신문사들이 미디어의 본래 기능을 가장 잘 수행할 수 있는 지배구조라고 할 수 있습니다. 개인이 대주주인《조선일보》,《중앙일보》,《동아일보》같은 대부분의 신문사가 그다음이라고 봐도 무방합니다. 사주 문제가 얽히지 않는 한 말이죠. 그리고 정치 권력의 영향을 받는 사실상의 국영 형태인 지상파 방송과 보도 채널, 국가기간통신사 등은 권력에 대한 감시와 비판 기능이 제약받을 수 있기에 가장 나쁜 형태의 지배구조라고 볼 수 있습니다.

다만 이건 지배구조에 대한 평가이지, 개별 언론사에 대한 평가는 아니라는 점을 다시 강조하며 이 장을 마무리해봅니다.

미디어 리터러시, 이것이 기본

1. 정부가 소유하고 있거나 많은 지분을 차지하고 있는 미디어는 정치 권력에 취약한 지배구조를 갖고 있다.

2. KBS·MBC·EBS·YTN·연합뉴스·연합뉴스TV 등이 대표적인데 이들은 정부의 입장을 대변하거나 이해하는 보도 태도를 취할 가능성이 있다.

3. 해당 미디어는 비판적 미디어를 공격하는 역할을 수행할 때도 있다.

04 보수 신문과 진보 신문
―수요구조로 미디어 보기

여러분은 그동안 어느 미디어는 정치적 이념이 어느 쪽이라든지 또 어떤 정당과 가깝다든지 하는 말을 들어봤을 거예요. 영 엉뚱한 말은 아닙니다. 분명 정파성을 보이는 미디어들이 있지요.

앞에서 말했듯 전국 단위 지상파 방송(KBS, MBC, EBS)과 보도전문 채널(YTN, 연합뉴스TV), 국가기간통신사(연합뉴스) 등은 지배구조상 정부의 영향력에서 자유로울 수 없습니다. 따라서 이들 미디어는 집권한 정치 권력이 어느 정당인지, 특히 대통령이 어떤 정치 철학을 가졌는지에 좌우될 가능성이 있습니다. 일관된 성향이 있다고 보기 어렵다는 뜻입니다.

그러면 신문은 어떨까요. 여러분도 이미 알고 있을 겁니다. 조중동이라 불리는《조선일보》,《중앙일보》,《동아일보》는 보수 신문이란 말을 듣습니다. 반면《한겨레》,《경향신문》은 진보 신문이란 평가를 받아요. 흔히 이 다섯 신문을 5대 일간지라고 부르기도 합니다. 이번에는 이 5개 미디어를 통해 보수 신문과 진보 신문의 차이점을 알아보고, 이들과 정치 권력과의 관계 등을 집중적으로 생각해보도록 하지요.

무엇이 보수와 진보를 가르는가

미디어의 제1의 사명은 권력을 감시하고 비판하는 것이라고 했습니다. 이는 모든 미디어의 공통적인 존재 이유입니다. 그런데 이 외에도 미디어는 많은 사안을 다룹니다. 중요한 소식을 시청자나 독자에게 전하는 것이죠. 이 과정에서 미디어가 가진 고유의 철학이 묻어나곤 합니다. 중요한 소식이긴 한데 어떤 관점에서 보느냐에 따라, 그 소식을 어떻게 평가하고 전할 것인지가 결정되곤 하거든요. 그래서 보수적인 신문과 진보적인 신문이 존재하는 것입니다.

그러면 보수와 진보는 각각 무엇인가, 어떤 차이점이 있는가, 이 질문에 대한 답은 천차만별입니다. 우리나라에선 사실 지금 집권당인 더불어민주당, 즉 민주당 계열을 지지하거나 이 쪽과 가까우면 진보로, 야당인 국민의힘 쪽에 공감하거나 이들과 가까워 보이면 보수로 구분하는 경우가 가장 많은 것 같아요.

원칙적으로는 경제 이념에 따라 보수와 진보를 구분하는 게 보편적입니다. '성장'을 중요하게 생각하면 보수, '분배'에 무게를 두면 진보라고 보는 식입니다. 이 외에도 중시하는 가치에 따라 '자유'를 중시하는 건 보수, '평등'을 중시하는 건 진보라고 보는 시각도 있습니다. 예를 들어 보수는 기회의 균등, 즉 자유로운 경쟁을 통해 성장할 수 있는 세상을 바란다고 여겨집니다. 반면 진보는 사람들 모두 평등한 삶을 살 수 있도록 시스템을 구축하는 데 더 많은 관심이 있다고 보는 것이죠.

내가 보수와 진보를 구분하는 기준은 조금 더 포괄적입니다. 예전에 쓴 책《글 좀 쓰는 십대》에서 김훈 작가의 《남한산성》을 어떻게 읽을 것인가를 얘기하면서 보수와 진보를 가르는 기준을 제시한 바 있어요. 한번 소개해볼까요.

> ¶　현실을 중시하는 관점을 보수주의라 합니다.《남한산성》에서는 주화파인 현실론자 최명길이 보수 진영의 대표 인물이죠. 반면 올바른 방향으로의 원칙을 강조하는 쪽이 진보주의입니다.《남한산성》에서는 원칙론자인 김상헌이 대표적 진보파입니다.
>
> 언뜻 보기엔 옛것, 즉 명을 말하는 상헌이 보수, 새것인 청을 받아들이자는 명길이 진보인 것처럼 보이지만, 보수와 진보는 옛것과 새것으로 구분하는 게 아닙니다. 예컨대 첨단 빌딩을 그만 짓고 옛날처럼 녹지를 넓히자는 건 보수가 아닙니다. 보수와 진보의 본질은 '현실'과 '가치·원칙' 중 어느 쪽에 무게를 두느냐의 문제로 요약됩니다,
>
> 한 사안에 대해 보수와 진보 양쪽의 의견이 다를 때가 많습니다. 예를 들어 원자력발전을 생각해볼까요? 가장 효율적이고 이를 대체할 전력원이

당장 없다는 현실론이 보수입니다. 반면 그대로 두면 후쿠시마처럼 큰 사고가 발생할 위험이 있을 뿐 아니라, 가동할수록 환경을 파괴하므로 원자력발전은 근본적으로 지양해야 한다는 원칙론이 진보입니다. 어느 한쪽이 옳다거나 그르다고 얘기할 수 있을까요?

보수와 진보는 어느 쪽이 맞고 틀렸다는 개념이 아니에요. 세상을 바라보는 관점이 다른 것이지요. 문재인 정부의 '탈원전' 정책을 다룬 신문 기사를 통해, 관점에 따라 사안이 어떻게 다르게 해석되는지 살펴보도록 합시다. 앞에 인용한 글에서처럼 탈원전은 진보적 정책으로 평가되며, 스스로를 진보라고 생각하는 사람과 미디어는 대개 탈원전을 지지합니다.

그전에 '사설(社說)'이란 게 뭔지 설명하겠습니다. 우리가 살펴볼 기사가 사설이기 때문이지요. 사설은 그 신문사 전체의 입장입니다. 해당 신문사의 공식 논평 같은 것이죠. 그래서 '바이라인'이라 불리는, 글을 쓴 기자의 이름 표기가 없습니다. 신문사는 사설을 매일 두세 편씩 써서 신문에 게재합니다.

그러나 결국 사설도 누군가 사람이 써야겠죠? 신문사엔 논설위원실이란 곳이 있어요. 편집국과는 다른 조직인데, 주로 편집국에서 부장 이상 지휘 라인에 섰던 사람이 경영진의 인사 명령을 통해 논설위원이 됩니다. 이들이 논의해, 사안별로 적절한 논설위원을 선정해 그 사람이 특정 사설을 쓰는 것입니다. 이를테면 사회부장을 지내다가 논설실로 온 위원에게 법조 이슈 관련한 사설을 맡기는 식이죠.

논설위원은 해당 신문사에서 경험이 많고 대개 데스크를 지낸 인물이어서, 글을 잘 쓰고 신문사가 지향하는 가치를 잘 알고 대변할 수 있는 사람이에요. 물론 데스크 출신이라 해도, 그 사람이 쓴 사설이나 칼럼도 논설위원실장 같은 윗사람이 검증·수정(데스킹)을 하죠.

신문사에서 사설이 나갔다 해도 그 미디어의 개별 기자는 동의하지 않거나 공감하지 못하는 경우도 있을 수 있습니다. 그렇다고 하더라도 시스템상 공식 논평인 것입니다. 따라서 사설을 보면 그 신문사의 공식적 입장을 알 수 있습니다.

먼저《조선일보》의 사설입니다. 2020년 1월 6일자입니다.

[사설] 독일의 '탈원전 피해' 한국은 더 극심하게 겪게 될 것

미국 전미경제연구소가 '독일이 탈원전 정책을 고수하면서 석탄화력발전소를 추가로 가동하는 바람에 대기오염이 12% 증가해 그로 인한 추가 사망자가 연 1100명에 달하고 온실가스 배출도 연 3630만t 늘었다'는 보고서를 냈다. 미국 경제학자들은 대기오염, 온실가스 등을 포함한 독일 탈원전의 피해액은 현금 가치로 연 122억 달러에 이르는 데 반해 사용후핵폐기물 처리비 감소 등 탈원전 이익은 많게 잡아도 20억 달러에 불과하다고 분석했다.

국내 탈원전론자들은 독일이 신재생 모범 국가라며 뒤따라가자는 주장을 해왔다. 그러나 독일은 신재생 집중 투자로 전기 요금이 한국의 세

보수 신문과 진보 신문

배나 된다. 독일은 세계 최고의 제조업 기술 경쟁력으로 전기료 부담을 버텨나가지만 우리는 전기료가 세 배 비싸진다면 기업 경쟁력이 무너지고 말 것이다. 독일은 탈원전 이후 온실가스 감축이 부진해지면서 국제사회에서 '에코 깡패(eco vandal)' 소리도 듣고 있다.

국토가 좁은 한국이 태양광처럼 에너지 밀도가 낮은 전력 생산에 의존하게 되면 심각한 환경 훼손을 초래할 수밖에 없다. 2018년 한 해 동안 태양광으로 훼손된 산지(山地)가 축구장 3300개 규모인 2443만m²였다. 무얼 하는 것인가. 국민은 효율 높은 발전소에서 대기오염 없이 깨끗한 전력을 생산해 안정적으로 공급해주기를 원한다. 그래서 여론조사에서 70% 정도가 원전 이용을 찬성하는 것이다. 미세 먼지를 줄이겠다고 그렇게 외치면서 미세 먼지를 대규모로 줄일 수 있는 원전을 배척하는 것도 앞뒤가 맞지 않는다.

한국에너지공단의 2018년 통계에 따르면 국내 태양광 제조 업체의 고용 인원은 전년 대비 2.2% 줄었고 매출도 9.8% 감소했다. 정부가 태양광을 늘리겠다며 보조금 지원을 확대하자 값싼 중국산 태양광 패널이 급격히 밀고 들어오기 때문이다. 이 때문에 웅진에너지, 한국실리콘 등 주요 태양광 관련 업체가 파산 또는 파산 위기에 몰려 있다. 한국 탈원전 정부가 중국 태양광 업체에 보조금을 퍼주는 꼴이다. 국산 설비는 절반 수준에 불과하다. 그래도 탈원전 오기를 멈추지 않는다.

이번엔 《경향신문》 사설을 볼까요. 2021년 3월 10일자입니다.

[사설] 원전 안전과 '탈원전' 당위성 일깨우는 후쿠시마 10년

일본 후쿠시마 원전 사고가 발생한 지 10년이 됐다. 2011년 3월 11일 발생한 후쿠시마 원전 사고는 규모 9.0의 강진과 쓰나미가 해안가에 있던 원자력발전소를 덮치며 일어났다. 이 지진과 쓰나미로 원자로 냉각기능이 상실되면서 1~3호기 원자로의 연료봉이 녹아내리는 멜트다운(노심용융)이 시작됐고, 뒤이어 수소폭발이 일어났다. 히로시마 원자폭탄의 168개분에 달하는 방사성물질이 방출돼 일본 동북지방 일대를 오염시켰다. 후쿠시마 원전 사고는 인류사적 재앙으로 국제사회에 큰 충격을 안기면서 일본의 '안전신화'를 무너뜨렸다.

그 후 10년이라는 시간이 흘렀지만 사고 수습의 길은 아직도 멀다. 현장에는 아직도 제거하지 못한 핵연료봉이 1000여 개나 남아 있고, 녹아붙은 핵연료덩어리의 반출은 엄두도 내지 못한다. 곳곳에서 치사량이 넘는 고농도 방사선이 뿜어져 나와 접근조차 불가능하다. 일본 정부의 대대적인 방사성물질 제거작업에도 제염이 완료된 면적은 15%에 불과하다(국제환경단체 그린피스 평가). 원전 반경 20km 내 지역의 주민 귀환율은 약 10%에 불과한데, 노인이 대부분이다. 원전은 한번 사고가 나면 원상복구가 불가능하다는 사실을 웅변한다.

후쿠시마 원전 사고 후 세계 각국의 에너지 전환 흐름이 뚜렷해졌고, 원전 안전에 대한 경각심도 커졌다. 원전밀집도가 세계 최고인 한국도 안전설비 보강에 나섰다. 그러나 후쿠시마 사고 후에도 부실시공 사례와 안전사고가 속출했다. 한빛 4호기에서는 지난 4일에도 격납건물에서 대형 공극(구멍)이 추가 발견됐다. 업계는 한국 원전의 안전성이 최고 수준이라고 자신하지만, 원전 운영사와 안전당국에 안전불감증이 만연해 있다는 우려를 떨치기 어렵다.

국내에서는 최근 기후변화에 대응하기 위해서라도 원전 비중을 늘려야 한다는 주장이 고개를 들고 있다. 하지만 원자력발전은 안전 외에도 핵폐기물 처리 문제가 있다. 매년 국내 원전 24기에서 700t가량의 사용후 핵연료가 나오지만, 임시 저장공간은 포화 단계이다. 최종 처분장은 수십 년이 지나도록 확보하지 못했다. 사용후 핵연료를 재활용한다는 '파이로프로세싱' 기술에서 성과가 있다는 소식은 들리지 않는다. '화장실 없는 아파트' 문제를 해소하지 못하면서 원전을 늘리겠다는 것은 무책임한 주장이다. 다음 세대의 짐을 무겁게 할 뿐이다. 문재인 정부가 '탈원전 정책'을 추진하고 있다지만 실질적인 탈원전은 60년 뒤에나 가능한 '감(減)원전'이다. 재생에너지 비중을 신속히 늘리면서 원전 안전도 실현하는 엄중한 과제가 우리 앞에 놓여 있다.

어느 쪽이 더 설득력이 있나요? 각자 생각이 다를 겁니다. 앞서 말했듯 이것은 정답이 없는 문제입니다.

여기엔 성장이나 분배의 문제도 없습니다. 오로지 현실에 대한 우려와 가치에 대한 사명 의식이 있을 뿐이죠. 《조선일보》 사설은 원전 중단에 따른 현실적인 문제를 잘 짚었습니다. 이렇게 묻고 있죠.

"탈원전? 전기료 올라가는데? 독자 여러분은 전기료 3배로 올라도 좋아? 대체 에너지? 태양광 설치한다고 산 다 깎아도 정말 괜

찮아?"

《경향신문》은 당장 현실적인 문제보다는 중장기적인 가치나 원칙에 집중하고 있어요.

"후쿠시마 사고 봤지? 우리 원전이라고 영원히 무사하다는 보장 있어? 그리고 폐기물은 어떻게 할 건데? 빨리 대체 전력원을 찾아야 해."

양쪽 모두 맞는 말입니다. 신기하죠? 완전히 다른 말을 하고 있는데, 둘 다 틀린 말도 아니잖아요.

주로 진보정당이 집권하면 보수 신문은 정부에 비판적인 기사를 많이 내보냅니다. 반면 진보 신문은 정부 정책에 찬성하는 듯한 기사를 많이 내보내죠. 보수정당이 집권하면 정반대 현상이 일어납니다. 여러분도 미디어의 뉴스, 특히 신문 기사를 보면 이 점을 참고해 더 입체적으로 뉴스를 이해할 수 있습니다.

한 가지 덧붙일 게 있어요. 대표적인 보수 신문인 조중동은 시기마다 다르긴 하지만 대체로 신문 시장의 70%가량을 점유해왔습니다. 이쯤에서 여러분이 눈치를 챘을지도 모르겠습니다. 왜 이들의 시장점유율이 높은지 말입니다. 또 왜 진보 신문은 2개뿐이고 다른 신문들은 대부분 보수 성향인지 말입니다.

보수 신문은 주로 현실론을 내세운다고 했습니다. 그래서 당연히 시장에서 인기가 있어요. 사람들은 당장 눈앞의 현실에 더 관심이 많습니다. 여러분 중 상당수 또한 그럴지도 모르겠습니다.

보수 신문과 진보 신문

미디어와 정치 권력은
서로 공생하는가

여러분이 가장 궁금해하는 것 중에, 미디어가 정치 권력과 서로 협력하며 공생하느냐의 문제가 있을 겁니다. 답부터 말하면, 내 생각으로는 '그렇다'입니다. 그렇지만 이걸 입증하는 건 쉽지 않습니다. 어떤 정치 권력과 미디어가 서로 친한지 아닌지는 평소에는 잘 보이지 않기 때문이죠. 둘의 친소(親疏) 관계는 물밑에서 일어나는 일로 규정됩니다.

그러나 양측의 관계가 어느 정도 드러나는 경우도 있어요. 현직 언론인에서 곧바로 정치 권력으로 이동한 사례가 대표적입니다. 언론인이 현직에 있다가 정치권으로 곧바로 이동하는 일은 아주 오래전부터 계속 있어왔습니다. 물론 미디어 종사자, 특히 기자도 직업 선택의 자유가 있지요. 그걸 부정하려는 건 아닙니다. 그러나 언론인이 정치인으로 급변신하는 과정은 그 자체로 양측의 밀월관계를 보여주는 가장 확실한 증거 중 하나로 꼽힙니다. 그래서 현직에서 권력으로 옮기는 기자가 나오면, 해당 미디어의 노조나 기자협회 등에서 비판 성명이 나오기도 하지요.

21대 국회에 입성한 조수진 국민의힘 의원은 2020년 3월까지 《동아일보》에서 일했습니다. 그러다 사표를 내고 바로 입당해서 비례대표 5번을 받아 국회의원이 되었죠. 그는 기자 때부터 국민의힘 쪽이 좋아할 만한 말을 여러 차례 노골적으로 했어요. 《시사IN》

보도를 인용하자면, "(김남국의) 언행을 보면, '대깨문'이라는 단어 있지 않습니까? (…) '머리가 깨져도 문재인.' (…) 김남국 변호사의 저런 행동을 보면 '대깨조'예요. '머리가 깨져도 조국'"이라는 말을 방송에서 하기도 했죠. 기자로 활동하며 이렇게 야당 쪽을 편들어주는 듯한 모습을 보여주었기에, 그 덕에 국회의원 자리를 얻었다는 의심을 살 만합니다.

압권은 최순실 게이트를 가장 열심히 또 깊숙이 취재했던 김의겸 전 《한겨레》 기자가 문재인 정부 출범 후 곧바로 청와대 대변인이 된 대목입니다. 형태로만 보면, 박근혜 정부를 무너뜨리는 계기가 된 기사를 쓴 기자 중 한 명이, 새 정부가 출범하자 그 정부에서 일하는 공직자가 된 것입니다. 이러려고 전 정권을 무너뜨리는 기사를 그토록 열심히 썼냐는 비판이 나와도 할 말이 없게 된 거죠. 그는 이후 국회의원까지 됩니다.

자본 권력, 즉 재벌에 채용되는 기자도 있어요. 예컨대 삼성 출입기자 출신이 삼성에 임원으로 채용되는 식입니다.

정치든 자본이든, 권력으로 이동하는 분들은 현직(또는 명목상 조금 먼저 퇴사한 뒤)에서 곧바로 이동합니다. 몇 년 전 퇴직하고 한동안 할 일 없이 지내던 전직 언론인을 권력이 중요한 자리로 스카우트했다는 얘기는 들어본 적이 없어요.

현직 언론인이 권력에 스카우트되는 이유는 뭘까요? 이들이 미디어에서 일할 때 정치인이나 특정 정당과 과연 무관했을까요? 조수진과 김의겸 사례에서도 보듯, 이들은 각 정당들과 '동지'에 가까운 연대 의식을 가졌을 가능성이 큽니다. 어떤 언론인의 칼럼을 보다가 '이거 특정 정당을 너무 편들어주는 칼럼 아닌가?' 하고 생각한 적이 있어요. 그는 얼마 되지 않아 그 정당으로 옮겼습니다.

재벌 그룹으로 가는 기자도 마찬가지입니다. 삼성 비판 기사를 잘 써서 그 비판의 목소리를 내부에서 계속 들어보려고, 삼성이 대승적 차원에서 해당 기자를 스카우트하는 경우는 거의 없습니다. 스카우트해서 동지가 된 게 아니라, 기자 때부터 이미 동지였기 때문에 스카우트를 한 것이라고 봐야 상식에 가까울 겁니다.

미디어에는 지금도 많은 기자가 있습니다. 그중 언론인 신분이면서도 권력과 동지인 사람이 과연 이들 외에는 없을까요? 친분이 없더라도, 마음속으로는 가깝게 느끼고 특정 권력과 동지처럼 느끼는 기자가 정말 없을까요?

나는 신문이 특정 정치 권력과 가까운 이른바 '정파성'이 있다고 보며, 구성원의 성향이 일차적인 이유라고 생각합니다.《조선일보》,《중앙일보》,《동아일보》는 현재 야당인 국민의힘과,《한겨레》,《경향신문》은 여당인 더불어민주당 쪽과 정치 철학 면에서 일종의 동지 의식을 가질 수 있다고 봐요. 전체는 아니지만 무시할 수 없는 숫자, 무시할 수 없는 직급에 있는 사람들이 그렇다는 뜻입니다. 나뿐 아니라 해당 신문사에서 일하는 상당수의 내부 구성원들도 그렇게 느낄 겁니다.

이것은 신문 스스로의 신뢰를 갉아먹는 측면입니다. 미디어의 제1의 역할은 권력에 대한 감시·비판인데, 특정 정치 권력과 가깝다면 그 기능이 제대로 작동할 수 없을 겁니다.

송인덕 중부대 신문방송학과 교수는 〈언론사의 정파성 인식과 수용자의 정치 성향에 따른 편향적 매체 지각: 신문 사설을 중심으로〉란 논문에서 "'조중동'으로 대표되는 보수적 성향의 신문과 '한겨레·경향'으로 대표되는 진보적 성향의 신문들 간의 특정 이슈에 대한 논조의 대립이 갈수록 심화되는 상황"이라며 이렇게 지적합니다.

> ¶ 신문의 정파성은 개인의 정치 성향과 상호작용하며 편향적 매체 지각을 발생시킨다. (⋯) 이 점은 신문을 통한 객관적 정보 전달 및 합리적이고 이성적인 여론 형성 가능성에 대한 근원적 문제를 제기한다.

다 그런 건 아닙니다. 많은 기자는 공정한 보도를 위해 노력합니다. 주요 미디어 기자 중에선 정파성 논란에 휘말리기 싫어 정치부는 안 가겠다고 하는 사람도 있어요. 이런 기자들이 미디어의 중심을 유지하는 균형추 역할을 하고 있다고 봅니다.

미디어의 정파성 문제는 독자 여러분의 과제는 아닙니다. 미디어에서 일하는 사람들, 특히 기자들이 반성하고 고쳐나가야 할 문제죠. 다만 여러분이 미디어에서 뉴스를 볼 때 어떤 신문의 정치 권력 관련 기사냐를 따져보는 건, 불행하지만 한국 사회에서의 기본적인 뉴스 수용 태도라 할 수 있습니다. 더 나아가 진보정당 집권 시기엔 《조선일보》, 《중앙일보》, 《동아일보》의 비판 기사를, 보수

　　　　　　　　　　　　　　　　　　　　보수 신문과 진보 신문

정당 집권 땐《한겨레》,《경향신문》의 비판 기사를 더 적극적으로 찾아보는 것도 좋습니다. 그래야 현재 집권하고 있는 정치 권력의 문제들을 더 잘 알 수 있겠지요.

중간은 없다
한국 뉴스 시장과 《한국일보》

여러분은 '중도층'이란 말을 들어봤을 겁니다. 보수와 진보 중 어느 한쪽을 고정적으로 지지하지는 않는 사람들을 일컫는 말이죠. 각종 선거에서는 이들 중도층을 잡아야 이긴다고들 합니다.

그런데 안타깝게도 국내 뉴스 시장에서는 중도가 잘 먹히지 않아요. 이 점이 미디어가 특정 정치 권력과 상대적으로 가까워지는 원인이 되기도 합니다. 즉 미디어 자체의 지향과 선택이 아닌, 시장의 문제가 언론의 정파성과 연관이 있다는 뜻입니다.

앞서 말했듯 신문사는 민간 회사입니다. 또 여론의 지지가 권력을 감시·비판하는 원동력이라고 했습니다. 그 '여론의 지지'는 미디어의 인기, 즉 뉴스 시장에서 얼마만큼 잘 소비되느냐와 무관치 않을 겁니다. 그리고 불행히도 실제 시장에서 더 잘 먹히는 뉴스는 정파성이 강한 것들입니다. 이건 뉴스 소비자들의 성향과 직결되는 문제겠죠?

미디어의 정파성이 미디어의 역할을 스스로 훼손한다고 앞서 설명했습니다. 이런 보도 태도가 독자의 편향성을 확대하는 부작용을 일으킨다는 전문가들의 지적도 소개했습니다. 그러나 미디어라는 것은 공급자의 입장에서만 설명할 수 없어요. 특히 무슨 '사회 운동'이 아니라 기업으로서의 미디어의 성격이 더욱 도드라지는 시기에, 시장 원리를 외면하면 미디어를 제대로 이해하지 못하게 됩니다.

모든 기업이 마찬가지예요. 일차적으로는 시장이 원하는 제품을 내놓아야 팔 수가 있습니다. 왜 5대 일간지(《조선일보》,《중앙일보》,《동아일보》,《한겨레》,《경향신문》)가 정치 성향 면에서 나뉘어 있느냐는데 대한 보다 더 근본적인 답은 이렇습니다.

'뉴스 소비자들이 그걸 원하니까. 그래야 팔리니까.'

최선규 명지대 디지털미디어학과 교수는 〈뉴스 시장의 경쟁과 미디어 편향성〉이라는 논문에서 "미디어 경제학적 관점에서는 뉴스 독자들의 수요와 뉴스 시장에서의 경쟁 정도에 따라 미디어 편향성이 달라진다"며, "독자들의 여론 등 독자의 수요가 우리나라 미디어들의 보도 편향성에 영향을 미쳤다"고 분석합니다. 특히 방송보다는 시장 경쟁이 치열한 신문이 더 많은 '차별화'를 시도할 수밖에 없다고도 지적합니다.

미디어에 대한 시장 수요가 이념적으로 양극화한다면, 이에 발맞추지 않는 공급자는 시장에서 밀려나게 되겠죠. 실제로 신문 시장에서 중도 신문이 유력지에서 밀려나고 그 자리를 진보 신문이 차지한 일도 있었습니다.

보수 신문과 진보 신문

여기서 《한국일보》의 이야기를 해보겠습니다. 《한국일보》는 1990년대까지는 최고의 유력 신문으로 꼽혔어요. 《조선일보》, 《중앙일보》, 《동아일보》와 함께 '4대 일간지'로 불렸죠. 한국일보사는 본지 외에도 《서울경제신문》, 《일간스포츠》, 《코리아타임스》, 《소년한국일보》 등 일간지만 5개 발행하는 대형 미디어 그룹이기도 했어요. 다른 회사에서는 일간지 하나도 발행하기 어려웠던 시절에 무려 5개의 일간지를 찍었다고 하면 그 위세를 짐작할 수 있겠죠.

그런데 2000년대 들어오면서 상황이 바뀝니다. '조중동'이란 말이 생기면서 역설적으로 《한국일보》가 유력지가 아니게 된 것입니다. 구독자가 급감하고 주목하는 사람도 눈에 띄게 줄었어요. 노무현 정부 때 《한국일보》에서 '조중동'이란 명칭 사용에 대해 항의하는 칼럼을 내보냈을 정도입니다.

왜 노무현 정부가 '조중동한'이라고 안 했을까요? 이게 더 중요한 질문입니다.

《한국일보》는 상대적으로 중도적인 신문으로 꼽혀왔습니다. 그래서 보수 신문을 비판하던 정치 권력이 '조중동한'으로 부르지 않았던 겁니다. 지금도 《한국일보》는 이런 중간의 이미지를 갖고 있습니다. 2021년 초 대검찰청 과거사 조사단으로 일했던 박준영 변호사가 김학의 사건(박근혜 대통령 당시 김학의 전 법무부 차관이 건설업자 등에게 성접대를 받은 사건) 관련한 1300여 쪽 분량의 최종보고서를 언론을 통해 공개한 적이 있습니다. 그런데 박준영 변호사는 많은 언론 중 《한국일보》와 SBS에만 보고서를 제공했고 다른 언론사엔 제공하지 않겠다고 선언을 했습니다. 정치적으로 중립적인 미디어라고 박 변호사가 판단한 게 이 두 곳이었던 겁니다.

원래는 다른 모 신문사에 제공하려고 했다고 합니다. 그러다가 박 변호사는 '편집국장 출신 간부의 김학의 관련 칼럼을 보고 그 신문이 특정 진영에 치우쳐 있다고 생각을 했고 데스크들이 이런 생각이면 기사가 데스크에서 막히겠다'는 생각이 들어 제보할 신문사를 바꿨다는 것입니다.

하지만 역설적으로 이런 중도적인 이미지 탓에 고정 독자와 지지층, 즉 팬덤이 약화했습니다. 보수적인 독자는《조선일보》,《중앙일보》,《동아일보》를 보며 환호하고, 진보 독자는《한겨레》와《경향신문》을 보면서 구독 운동도 해줬지요. 그러나《한국일보》에 그렇게 애정을 가지고 응원하는 독자는 별로 없었습니다. 이 신문은 이제 예전의 위상을 갖고 있지는 못하다는 게 중론입니다.

물론 아주 신문을 잘 만들고 구성원들도 뛰어난, 여전히 유력 일간지임에 틀림없습니다. 그러나 시장에서는 많이 위축된 게 사실이죠. 대주주의 경영 실패도 있었지만, 관점이 어정쩡하다는 평가를 받으면서 뉴스 시장에서 독자를 잃었다는 게 업계의 시선입니다.

이와 정반대되는 사례로《경향신문》이 있습니다. 원래《경향신문》은 색깔도 특별하지 않고 그래서인지 위상 면에서 그저 그런 신문이었어요. 그러다가 2000년대 들어 독립언론임을 선언하고 진보 쪽으로 색깔을 확실히 하면서 시장의 눈을 사로잡기 시작합니다.

특히 이명박 정부 때 정치 권력과 전면적인 대결을 펼치며 유력한 진보 신문으로 자리매김했죠.

중도 신문은 잘 통하지 않고, 어느 한쪽 편에 서야 위상이 높아지는 게 지금 한국의 뉴스 시장입니다. 미디어 경영자나 편집 관련된 고위간부들은 시장의 성격을 의식하지 않을 수 없을 겁니다. 더 나아가 네이버와 다음 등 포털도 보수나 진보 등 정치 성향이 두드러지는 뉴스를 메인에 배치하는 편집을 하고 있죠. 시장 원리를 상당 부분 반영한 방침이라고 봅니다. '중간은 안 팔린다'는 현실 말입니다.

시장이 원하는 것이 아닌, 시장을 이끌 수 있는 제품도 있긴 해요. 그런 걸 만드는 건 매우 어려운 일이지만 말입니다. 미디어도 어느 한쪽 편을 들지 않더라도 국내 시장에서 통하는 '시장 개척자'로 자리매김할 방법은 없는 걸까요? 기본적으로는 미디어의 과제이지만, '뉴스 소비자'인 여러분도 한 번쯤은 생각해볼 문제입니다.

미디어 리터러시, 이것이 기본

1. 미디어는 특정 정치 권력과 가까운 면이 있어, 어느 미디어의 뉴스인지 참고해서 수용한다.

2. 진보 정권 땐 보수 신문의 비판 뉴스를, 보수 정권 땐 진보 신문의 비판 뉴스를 적극적으로 찾아보면 도움이 된다.

3. 쟁점을 두고 명백하게 논조가 갈린다면, 어느 한쪽의 뉴스만 맹신하기보다 다양한 미디어의 뉴스를 찾아보고 내 생각을 정리해본다.

05 네이버, 인터넷신문, 공짜 뉴스
-유통구조로 미디어 보기

여러분은 뉴스를 어디에서 보나요? 가끔 TV로 방송 뉴스를 볼 때도 있겠지만 대부분은 네이버나 다음 같은 포털 사이트에서 볼 거예요. 문화체육관광부가 2018년 12월 발표한 '2016~2018 뉴스 이용집중도 조사 결과'를 보면, 2018년 뉴스 이용점유율(뉴스이용창구 기준)에서 포털이 35.8%로 1위를 차지했습니다(종편 24.4%, 지상파 21.7%). 특히 네이버가 포털 뉴스 점유율에서 압도적인 1위라는 데 이견이 없습니다.

앞에서도 언급했듯, 예전엔 온 가족이 오후 9시가 될 때를 기다려 KBS나 MBC 뉴스 중 하나를 꼼꼼하게 시청하곤 했어요. 또 아침이 되면 배달 온 신문을 보며 하루의 뉴스를 정리된 형태로 정독했죠.

그러나 요즘 네트워크 세상이 열리면서 뉴스 소비 형태가 변했습니다. 인터넷 기반 플랫폼을 통해 뉴스를 보게 된 거죠. 손안의 네트워크인 스마트폰을 다들 갖고 있다 보니 어찌 보면 당연한 현상입니다.

그런데 왜 하필 포털 사이트일까요? KBS나《조선일보》홈페이지에서 뉴스를 볼 수도 있는데 말입니다. 포털 1위인 네이버의 사례를 들여다볼 필요가 있어요. 포털에 뉴스가 몰린 이유는 무엇인지, 여기에 정치 권력의 보이지 않는 개입은 없었는지, 포털에서의 뉴스 소비 형태가 부작용을 낳지는 않는지 함께 생각해봅시다.

주요 언론의 '네이버 딜레마'

어떤 제품을 파는 상점이 있습니다. 그런데 이 상점이 만들어 파는 물건을 한 노점상이 싸게 사들여 상점 바로 옆에서 공짜로 줍니다. 어떤 바보가 상점에 들어와서 돈을 내고 물건을 살까요? 아마 이런 식으로 계속 장사를 하면 그 상점도 바보 소리를 들을 겁니다. 더 나아가 조만간 망할 가능성이 크겠죠.

이런 일이 미디어가 생산하는 뉴스를 둘러싼 시장에서도 벌어지고 있습니다. 여러분은 평소 뉴스를 볼 때 돈을 내지 않지요? 네이버에서 뉴스는 공짜로 볼 수 있습니다. 그 뉴스는 누가 만들어 팔던 것인가요? 바로 신문사들입니다.

신문사는 구독료를 받고 팔던 뉴스를 네이버에 판매하는데, 네이버는 그 뉴스를 무료로 나눠주고 있어요. 이러면 누가 신문을 유료로 구독할까요? 공짜로 뉴스를 나눠주는데, 신문사 홈페이지에 일부러 들어와서 로그인하거나 심지어 결제까지 할 사람이 몇 명이나 되겠습니까.

그럼 네이버는 언론사에서 얼마에 뉴스를 사갈까요? 언론사마다 다르지만, 주요 언론의 경우에도 대략 삼성이 내는 돈의 절반에도 훨씬 못 미친다고 보면 됩니다. 연간 수십억 원이란 헐값에 팔아넘긴 뉴스가 네이버에서 공짜로 뿌려지니 독자로서는 신문을 구독할 이유가 점차 없어집니다. 그 때문에 미디어는 경영상 큰 어려움을 겪고 있어요. '공짜 뉴스의 함정'이라 부를 만합니다.

그럼 네이버는 뉴스를 보게 해주면서 뭘 먹고 살까요? 광고 수입입니다. 여러분이 클릭하는 뉴스 페이지뷰 하나하나가 다 돈이되는 셈입니다. 그리고 네이버는 뉴스만 전문으로 다루는 회사가아니죠. 다양한 콘텐츠와 기능이 있으며, 검색 엔진이기도 하고, 초대형 쇼핑몰이기도 하죠. 뉴스만 다루는 언론사 홈페이지와 달리, 네이버의 이런 종합 서비스를 내세운 '호객'이 네이버 뉴스 페이지뷰와도 상호작용을 합니다.

네이버 뉴스에는 댓글이 많이 달립니다. 댓글을 보기 위해 네이버에서 뉴스를 본다는 사람도 많아요. 이 과정에서 발생하는 페이지뷰도 전부 네이버의 수익과 연결되겠죠? 악성 댓글이니 여론조작이니 시끄러워도 네이버에서 쉽게 댓글을 포기할 수 없는 이유는 역시 돈 문제와 무관치 않아요. 어쨌든 주요 미디어가 공짜 뉴스의 함정에 빠진 반면 네이버는 공짜 뉴스를 뿌리며 페이지뷰 장사로 이익을 보고 있습니다.

요즘엔 네이버에 각 미디어별 코너를 마련해 구독자 늘리기 경쟁을 하도록 유도하기도 합니다. 즉 '《조선일보》 구독하기', '《경향신문》 구독하기' 등을 설정하면 《조선일보》와 《경향신문》 뉴스가 내 스마트폰에 먼저 소개되는 식입니다. 그런데 이 구독자도 결국엔 네이버 뉴스 구독자입니다. 노점상이 자신의 판매대에 《조선일보》, 《경향신문》 코너를 만들어둔 형국이죠. 그 뉴스를 보면 각 미디어 홈페이지와 연결되는 게 아니라 네이버 안에서 페이지뷰가 올라가는 구조예요.

네이버 페이지뷰를 올려줄 뿐이라 해도, 주요 미디어는 영향력뿐 아니라 자존심 문제도 있어서 해당 구독자를 늘리기 위해 경쟁적으로 노력하고 있습니다. 공짜 노점상이 상점별 공짜 코너를 만들어주자, 상점들이 노점상 매대 위에서 하나라도 더 팔리도록 해주려고 안간힘을 다하는 꼴입니다. 수익은 전부 노점상의 것이 되고요. 네이버가 '기자 소개'를 만들면 주요 미디어는 열심히 기자 사진 등을 올립니다. 언론사들은 특히 네이버 모바일 화면에 맞춰, 구분선을 넣는 등 가독성을 높이기 위해 최선을 다합니다. 그 페이지뷰로 인한 수익은 전부 네이버가 가져가는데도 말입니다.

반면 미국의 검색 엔진인 구글을 보세요. 검색창 하나 달랑 있습니다. 뉴스 서비스나 구독하기 따윈 없죠. 검색하면 관련 뉴스 목록이 뜨고, 클릭하면 해당 언론사 홈페이지로 연결되죠. 네이버와는 완전히 다른 형태입니다. 미국 언론사 뉴스를 보려면 그 신문을 구독하거나 그 회사 홈페이지로 들어가야 합니다.

여러분이 봐도 우리나라 주요 언론이 정말 바보 같다고 느낄 거예요. 공짜 노점상에 물건을 대주면서 바로 옆에서 자사의 똑같은 제품을 돈 주고 사라니! 당장 노점상, 즉 네이버에 뉴스 상품을 제공하지 않아야 옳지 않을까요?

그러나 문제가 그리 간단치 않아요. 이미 공짜 뉴스 구조가 고착화했어요. 예를 들어 《경향신문》이 '우리는 네이버와의 뉴스 공급 계약을 연장하지 않겠다'고 선언한다 칩시다. 물론 네이버 입장에선 모든 주요 언론 상품이 다 갖춰진 상태가 좋죠. 《경향신문》이 빠지면 조금 아쉽긴 할 겁니다. 그렇다고 치명적이거나 뉴스 서비스에 지장이 있는 정도는 아닙니다. 다른 신문이 얼마든지 있으니까요. 또 거대 자본력을 갖춘 네이버는 자금을 퍼부어 이런 크고 작은 리스크에 충분히 대비할 수도 있죠.

반면 《경향신문》은 이미 줄어들 대로 줄어버린 신문 유료 독자를 생각할 때 온라인에서 독자적으로 생존하기가 쉽지 않아요. 《경향신문》이 아무리 좋은 기사를 쓰더라도, 누가 홈페이지까지 들어와서 기사를 볼까요? 사람들은 《경향신문》이 빠지더라도 여전히 네이버에서 공짜로 뉴스를 보려 할 겁니다. 《경향신문》만 '왕따'가 돼버리는 거죠. 네이버에 비해 자본이 부족한 신문사 입장에서 특단의 조치나 투자를 감행하는 것도 어렵습니다.

그럼 여러 신문이 한꺼번에 네이버에서 빠지면 어떨까요? 우선 이런 식으로 함께 움직이는 건 '담합'이라 공정거래법 위반 소지도 있을뿐더러, 실효적이지도 않음이 이미 입증됐어요.

2000년대 초반, 그때만 해도 수십만 부씩 유료 신문을 판매하던 5대 스포츠지가 있었습니다. 그때 스포츠신문의 인기는 대단했어요. 가판대에서 불이 나게 팔렸죠. 스포츠지를 들고 다니며 지하철 안에서 파는 사람도 많았어요. 당시 '파란'이란 신규 포털이 이들 5대 스포츠지와 독점 계약을 한 적이 있습니다. 스포츠지들이 파란에만 뉴스를 공급하고 네이버 등에서 일제히 뉴스 서비스를 빼기로 한 거죠. 어떻게 됐을까요? 파란뿐 아니라 5대 스포츠지 전체가 몰락했습니다. 그때 후유증으로 일부는 문을 닫았고, 살아남은 스포츠지도 빈사 상태가 됐어요. 네이버가 곧바로 다른 뉴스로 대체했거든요. 5대 스포츠지 외에도 네이버에 비슷한 뉴스를 공급하려는 매체는 많습니다.

지금도 마찬가지일 겁니다. 주요 언론 몇 곳이 네이버에서 빠지면 네이버는 곧바로 대체 기사로 대응할 겁니다. 그 선봉에는 연합뉴스가 있습니다.

연합뉴스, 너는 도대체 뭐냐

연합뉴스는 앞서 정부 영향을 받는 통신사라고 설명했어요. 이 때문에 연합뉴스를 '공영 언론'이라고도 부릅니다.

통신사는 뉴스를 도매로 파는 회사입니다. 2000년대 전엔 연합뉴스를 일반인은 볼 수가 없었어요. 제휴를 맺은 언론사만 연합뉴스 기사를 받아볼 수 있었죠. 그 대가로 연합뉴스는 언론사에서 돈을 받았습니다. 이게 원래의 통신사의 모습입니다.

연합뉴스의 이전 이름은 연합통신이었습니다. 그때 "나 연합통신 다닙니다"라고 말하면 주변에서 무슨 전기통신회사 직원이라고 생각할 정도로 일반인들은 이 회사가 어떤 곳인지 알지 못했습니다.

그러다가 인터넷 시대가 열리고 포털이 등장하면서, 연합뉴스가 포털에 직접 뉴스 공급을 시작하게 된 겁니다. 비로소 일반인도 연합뉴스의 존재를 알게 됐어요. 그러나 아직도 자세히는 모르죠. 연합뉴스가 사실상 정부 영향을 받는다는 사실, 원래의 기능은 뉴스 소매사인 일반 언론사에만 뉴스를 도매 공급하는 것이란 부분, 그걸 전제로 언론계나 취재 현장에서 우대를 받아왔다는 점, 그리고 한 해에 수백억 원의 국민 세금 지원을 받는다는 사실 등을 말입니다.

연합뉴스는 네이버에 뉴스 공급을 해도 손해 볼 것이 없습니다. 네이버로부터 돈을 받을 수 있으니 본래의 수익 창출 구조에서 벗어나지 않고(기존 언론사가 연합뉴스를 보이콧하기로 하지만 않으면 말입니다), 오히려 직접 노출로 유명해지면 자사 홈페이지에서도 광고 수익을 창출할 가능성이 열리죠. 더구나 정부 지원을 받잖아요. 돈 걱정 없는 게 연합뉴스입니다.

연합뉴스는 가장 많은 기자를 보유하고 있는 국내 최대 언론사입니다. 그만큼 다양한 분야의 여러 뉴스 기사를 생산하죠. 네이버가 연합뉴스와 제휴하기만 하면 그 자체로 이미 든든해요. 10대 일간지, 4대 종편 등이 다 빠져나가도 연합뉴스 기사만 있으면 구색은 갖춰지니까요. 결과적으로는 언론사가 낸 돈으로 덩치를 키워온 통신사가 이제 정부 지원을 업고 네이버에 뉴스 공급을 해 기존 언론 고객사를 경영난에 빠뜨리는 일이 벌어지고 있습니다.

전문가들은 이런 행위는 일종의 반칙이라고 지적합니다. 2015년 한국언론정보학회·미디어오늘이 언론학 박사 100명을 대상으로 설문 조사한 적이 있어요. 연합뉴스의 네이버 뉴스 공급에 대해선 현재의 방식에 부정적인 의견이 대부분이었습니다. '연합뉴스가 네이버에 뉴스 공급을 중단해야 한다고 생각하나'라는 질문에 '연합뉴스가 정부 지원을 받는 건 공적 역할에 충실하라는 의미다. 직접 소매 영업을 할 수 있지만 그러려면 정부 지원과 특혜를 대폭 줄여야 한다'는 응답이 53%에 달했습니다. '정부 지원을 받는 뉴스통신사이기 때문에 소매 영업을 해선 안 된다. 연합뉴스는 포털에 뉴스를 공급해선 안 된다'는 응답도 14%로 나타나, 합산하면 67%가 현재 연합뉴스의 네이버 뉴스 공급에 부정적인 응답을 했습니다.

반면 '뉴스통신 개념이 바뀌었고 공적 뉴스 플랫폼으로 다양한 독자를 만날 필요가 있다. 연합뉴스도 네이버에 뉴스를 공급할 수 있다'는 응답은 27%에 그쳤죠.

연합뉴스도 이런 논란을 잘 알고 있을 겁니다. 그런데도 포털과 공급계약을 유지하고 있습니다. 나는 연합뉴스의 전면 배치(연합뉴스를 국가기간통신사로서 지원하는 뉴스통신진흥법이 2003년 통과된 것 등)가 처음부터 정치 권력의 의도와 무관치 않았을 거라고 합리적으로 의심합니다.

물론 '네이버 뉴스 시대'가 열린 건 인터넷 시대, 스마트폰 세상이 된 것을 빼놓곤 이야기할 수 없습니다. 뉴스가 유통되는 플랫폼이 바뀌어가는 건 전세계적인 흐름이고, 미디어가 무시할 수 없는 일이지요. 그러다가는 평면 TV를 외면하고 브라운관을 고집하다 몰락한 일본 소니나, 스마트폰을 무시하고 피처폰에 집착하다가 스러진 노키아처럼 될 테니까요. 언론사들이 여기에 발맞추려 하지만 적당한 모델을 찾지 못하는 모습도 보이고 있죠.

우리가 논의하고 있는 건 미디어 생태계에 관한 얘기입니다. 정치 권력에 비판적인 언론이 살아남기 힘든 환경이 되어가고 있다는 것이며, 여기에 정치 권력의 영향에서 자유롭지 못한 공영 언론 연합뉴스가 어떻게 '키 플레이어' 역할을 맡았는지 짚고 넘어갈 필요가 있다는 취지입니다.

남재일 경북대 신문방송학과 교수와 최영재 한림대 언론정보학부 교수가 함께 쓴 〈디지털 미디어 환경 하에서 '국가기간 뉴스통신사'의 역할〉이라는 논문에서 지적한 내용을 볼까요.

¶ 디지털 미디어 환경에서 국가기간통신사의 뉴스 생산 전략은 도매영업의 수준을 높임으로써 뉴스 생산의 중복 구조를 해소하는 것을 최우선적 원칙으로 설정하는 것이 맞는다는 결론에 도달했다. 뉴미디어 맞춤형

네이버, 인터넷신문, 공짜 뉴스

뉴스 생산도 이 원칙 하에서 이루어지는 것이 맞다. 즉 먼저 고객사 중심으로 멀티미디어 콘텐츠를 공급하고 포털 등과 같은 소매영업은 최소화해야 한다는 것이다. (…) 정치적 편향성을 극복하는 것이 매우 중요한 고려사항이 되어야 한다. 국가기간통신사는 공영 통신사이지 국영 통신사가 아니며, 더구나 집권여당의 통신사는 아니다. 정부의 재정지원을 받는 것은 시민의 혈세를 사용하는 것이기 때문에 공정성을 담보하는 것만이 정체성에 충실한 길이라는 점을 각성할 필요가 있다.

오프라인에서건 온라인에서건, 미디어가 유료 콘텐츠를 팔지 못하면 수익을 낼 수 없습니다. 네이버에 돈을 올려달라고 읍소하는 정도로는 잘 되지 않을 거고, 재벌에 대한 광고 의존도는 더 높아질 겁니다. 악순환에 빠진 미디어로선 광고 영업도 한계에 부딪힐 거고, 결국 경영난이 심화할 겁니다. 이대로 간다면 몇 년 후 권력을 제대로 감시하고 비판하는 언론이 남지 않을 수도 있다는 생각마저 듭니다.

포털에 기생하는 인터넷 매체들

주요 언론이 포털과 어정쩡한 동거를 지속할 수밖에 없는 이유로는 연합뉴스 외에도 '포털 기생 매체'를 꼽을 수 있습니다.

요즘에는 인터넷으로만 기사를 내는 언론사가 많습니다. 그중에도 좋은 기사를 내는 곳들도 있습니다. 그러나 무시할 수 없는 수의 인터넷지가 우려할 만한 운영 행태를 보이고 있어 언급하지 않을 수 없습니다.

어떤 인터넷 언론사 D사를 가정해볼게요(내가 보고 들은 사례를 바탕으로 재구성해보는 겁니다). D사는 네이버 뉴스 공급을 목표로 합니다. 일단 네이버에 뉴스가 뜨도록 하려면 일정한 심사를 통과해야 하므로, 기사를 열심히 써야 합니다.

이런 건 사실 어렵지 않아요. 적당히 베껴 쓰면 되니까요. 특종이나 독자적인 기사 생산은 일단 포기해도 좋습니다. 연합뉴스나 주요 언론이 쓰는 기사를 조금씩 바꿔서 계속 내보내는 건 일도 아니죠. 어떨 땐 너무 똑같이 내보내서 주요 언론의 항의를 받을 때도 있어요. 그러나 대부분 주요 언론은 잘 모르고 지나가거나 하도 어이가 없고 작은 매체여서 그냥 넘어가죠.

D사엔 기자가 몇 명 안 됩니다. 적절한 양의 기사 생산을 위한 최소한의 인력만 있으면 됩니다. 많으면 인건비만 더 들죠. '인턴', '수습' 등의 명목으로 계약직 신입사원을 주로 채용합니다. 처우는 최대한 안 좋게 유지해요. 최소한의 '짜깁기나 베껴 쓰기' 기사만 생산하도록 하는 거죠. 그러다 계약 기간이 끝나면 내보냅니다. 나가는 인턴 기자도 불만은 없어요. 처우가 워낙 안 좋고 업무에 보람이 없었으니까요. 그런 다음에 D사는 새 인턴이나 수습을 뽑죠. 인건비를 저렴하게 유지하는 비법 중 하나입니다. 언론 관련한 카페나 블라인드, 각종 온라인 공간에는 이 같은 작은 인터넷 언론사 기

자들의 푸념과 하소연이 많이 올라옵니다.

포털에 기사가 공급되면 수익이 창출될 수 있어요. 1차 타깃은 기업입니다. 내용이 무리더라도 특정 기업에 불리해 보이는 기사를 작성해 기업에 전화합니다.

"네이버에 뜬 제 기사 보셨죠?"

그리고 광고나 협찬을 요구하죠. 되면 좋고 안 되도 그만입니다. 다른 기업을 대상으로 또 기사를 작성해 전화하면 되니까요. 기업 입장에서는 포털에 검색했을 때 부정적인 뉴스가 뜨면 찜찜하기 때문에 이들의 요구를 그저 무시해버리기 힘듭니다. 그래서 이런 요구를 들어주는 기업도 나오게 됩니다. 대기업 홍보담당자는 수많은 (들어보지도 못한) 인터넷 언론사 기자들을 피해 다니느라 고역입니다.

한번은 참다못한 한국광고주협회가 2015년 국내 500대 기업의 홍보담당자 100명을 대상으로 한 설문조사를 공개하고 나섰어요. 최근 1년간 '유사언론 행위'의 피해 경험이 있는 곳은 87%에 달했습니다. 유사언론 행위란 무엇일까요? 복수 응답을 받은 결과 '왜곡된 부정기사 반복 게재(87.4%)', '경영진 이름 및 사진의 인신공격성 노출(79.3%)', '사실과 다른 부정적 이슈와 엮기(73.6%)' 등이 많이 꼽혔어요.

유사언론 행위가 심각해진 이유로는 '네이버, 다음 등 포털과 유사언론 간 기사 제휴(무책임한 기사 전달 창구 역할)'가 59.8%로 압도적인 1위였죠. 그래서 일부 인터넷 언론을 '포털 기생 매체'라 부릅니다. 포털 없이 자생할 수는 없는 매체죠. 포털에 붙어살면서 오로지 그걸 앞세워 영업하는 매체입니다.

앞서 언론의 뉴스 생산과정을 설명했죠? 여러 단계의 검증이 특징이라고 했습니다. 그리고 언론의 사명은 권력에 대한 감시와 비판이라고도 했죠. 포털 기생 매체들은 여러 단계의 기사 검증을 거치지 않아요. 인력 구조상으로도 불가능하죠. 1~2단계에 그칩니다. 기자들에 대한 교육도 전무하다시피 하죠. 취재원들이 피해 다니니 취재도 제대로 되지 않아요.

그런데 이런 매체가 되고 싶어서 안달 난 회사들이 줄을 서 있습니다. 언론사 사장이나 기자 소리를 들을 수 있는 데다, 무엇보다도 돈이 되기 때문입니다. 인터넷 언론을 보며 여러분이 주의해야 할 지점입니다. 더 우려스러운 건 이들 매체는 네이버에서 결국 주요 언론을 언제든 대체할 수 있는 잠재적 후보 매체란 점입니다. 포털이 뉴스의 질이나 올바른 저널리즘 같은 걸 따지진 않을 거잖아요. 연합뉴스와 일부 포털 기생 매체의 기사들로 네이버 뉴스가 채워질 날이 오진 않을지 걱정되기도 합니다.

미디어 리터러시, 이것이 기본

1. 공짜 점심은 없다: 네이버 등 포털에서 공짜로 뉴스를 볼 수 있지만, 이 시스템은 권력에 대한 감시·비판 기능을 수행해온 언론의 기능이 약화하는 부작용을 낳는다.

2. 공영 언론인 연합뉴스가 이 시스템의 핵심에 서 있으며, 정치 권력이 포털 중심의 뉴스 시장 형성에 영향을 미쳤을 가능성이 있다.

3. 포털에서 볼 수 있는 일부 인터넷신문은 제대로 된 뉴스 제작 능력이 없는 경우도 적지 않아 유의해야 한다.

06 유튜브 뉴스, 믿어도 될까
-인기 플랫폼으로 뉴미디어 보기

여러분은 요즘 유튜브를 많이 볼 겁니다. 구글의 무료 동영상 플랫폼인 유튜브는 뉴스를 담고 있는 미디어로 볼 수 있을까요? 이론적으로 따지기 전에 현실을 살펴볼 필요가 있습니다.

시사주간지 《시사IN》이 지난해 조사해 발표한 '2020년 대한민국 신뢰도 조사 실시'에서 유튜브가 1등 언론매체에 오르는 이변을 연출했습니다. '신문, 방송, 인터넷 언론, 포털 사이트, 유튜브, SNS 등 우리나라의 모든 언론매체 중에 가장 신뢰하는 매체를 순서대로 2가지만 말씀해주세요'라는 질문에 유튜브는 1순위 기준 13.0%, 중복응답 기준 19.2%였어요. 2위는 1순위와 중복응답 기준 각각 11.4%와 17.9%인 네이버였습니다. 전통적인 주요 언론 중 1위인 KBS(7.6%, 13.4%)는 3위에 그쳤어요.

유튜브는 네이버와 함께 신뢰도에서 1위를 다투고 있는 '언론

매체'가 돼버렸습니다. 유튜브가 이미 뉴스를 담는 미디어로 인식되고 있다는 뜻입니다. 실제 정보통신정책연구원이 2021년 7월 내놓은 조사결과를 보면 10대의 10.7%, 20대의 29.3%, 30대의 37.4%, 40대의 43.7%, 50대의 55%, 60대의 62.4%가 유튜브에서 뉴스·시사 영상을 시청하고 있습니다.

그러나 유튜브를 볼 때 유념해야 할 부분이 있습니다. 이것은 유튜브 콘텐츠가 어떻게 만들어지고 제시되는지와 밀접한 관련이 있습니다. 주요 언론의 공식 유튜브 채널, 이를테면 KBS가 운영하는 유튜브 채널 등을 살펴보지는 않을 것입니다. 여기에 올라가는 콘텐츠는 사실상 KBS의 뉴스 등과 다를 바 없기 때문이죠. 그보다는 정식 언론은 아니지만 시사평론이나 뉴스를 다루는 유튜브 채널들을 볼 때 어떤 점을 생각해볼지 찬찬히 들여다보기로 합니다.

보고 싶은 것만 보인다
알고리즘과 확증편향

유튜브 콘텐츠는 어마어마하게 다양합니다. 수많은 재밋거리뿐 아니라 유용한 정보들도 많죠. 또 얼핏 보기엔 뉴스나 시사에 가까운 정보 또한 자연스럽게 제시하는 듯합니다.

그러나 여기엔 적지 않은 문제점이 숨어 있어요. 대표적인 것이 '확증편향'의 문제입니다. 이는 자신의 가치관, 신념, 판단에 부합

유튜브 뉴스, 믿어도 될까

하는 정보에만 주목하고 그 외의 정보는 무시하는 사고방식을 뜻해요.

고려대 김인식·김자미의 논문 〈유튜브 알고리즘과 확증편향〉은 유튜브의 알고리즘의 문제점을 적나라하게 지적합니다. 여러분도 많이 들어봤겠지만, '유튜브 알고리즘으로 여기까지 들어왔다(Youtube Algorithm brought me here)'는 말은 영미권에서는 유행어처럼 많이 사용되지요. 즉 유튜브는 어떤 영상 시청이 끝나면 자체 알고리즘으로 다음 영상을 자동으로 재생해주는 등 시청자가 관심 있어 할 만한 콘텐츠를 추천해줍니다. 그런데 이렇게 되면 자신의 성향에 맞는 콘텐츠만 잔뜩 보게 되는 위험에 처합니다.

보수적인 사람이 어떤 보수 정치 성향의 콘텐츠를 찾아보면, 이 사람은 그와 비슷한 영상만 계속 보게 될 가능성이 큰 시스템이지요. 진보적인 사람은 또 그 사람대로 비슷한 성격의 영상만 보게 됩니다. 즉 사회를 보는 다양한 시선을 접하지 못하고 편향적인 성향의 콘텐츠에 지속적으로 노출이 되는 것입니다. 논문은 이렇게 지적합니다.

¶　　정치적인 성향을 띠는 가짜뉴스는 확증편향의 영향과 깊게 관련되어 있다. 유튜브의 동영상 추천 알고리즘은, 특정 정치 성향이 있는 사람에게 지속해서 해당 정치 성향에 우호적인 가짜뉴스와 자극적인 제목들을 반복적으로 주입하는 기능을 하는 것이다.

미국의 시민운동가 엘리 프레이저는 추천 알고리즘으로 인해 나만의 세계에 갇혀버리는 '필터 버블'이 일어날 수 있다는 문제를 제기했다. 필터 버블은 개인화된 검색의 결과물의 하나로, 사용자의 정보에 기반하여 웹사이트 알고리즘이 선별적으로 어느 정보를 사용자가 보고 싶어 하는지를 추측하며 그 결과 사용자들은 강제적으로 정보를 편식하게 되고, 문화적·이념적으로 고립되게 된다.

왜 이런 알고리즘을 만들었을까요? 이유는 간단합니다. 유튜브를 보는 사람이 더 오랫동안 유튜브에 머무르도록 하기 위해서겠죠. 마음에 드는 콘텐츠를 추천하고 자동 재생시켜, 시청자가 계속 유튜브에서 영상을 보도록 유도하는 것입니다. 시청자가 유튜브에 머무르면 머무를수록 유튜브는 광고 수익 등으로 돈을 벌게 됩니다.

그러면 유튜브에 올라와 있는 뉴스·시사 콘텐츠의 질은 어떨까요?

절대다수의 뉴스·시사 유튜브 채널에는 앞서 1장에서 봤던 주요 미디어가 갖춘 여러 단계의 검증이 없습니다. 물론 나름의 취재와 검증을 통해 뉴스를 제작하는 곳도 있겠지만 이는 극소수에 불과하지요. 대부분 1인 미디어(또는 소수 미디어)로서 콘텐츠를 제작해 내보내는데, 확인되지 않은 소문 수준의 내용도 마구 섞여 있게 됩니다.

특히 콘텐츠를 제작한 유튜버는 자신의 방송을 보는 사람이 얼마나 되느냐에 따라 수익을 올리게 됩니다. 즉 사람들을 얼마나 끌어모을 수 있느냐가 돈과 직결되는 구조죠. 당연히 콘텐츠 생산자는 재미와 자극 위주로 방송을 제작할 가능성이 큽니다. 오죽하면 '사이버 렉카(교통사고 현장에 잽싸게 달려가는 렉카[Wrecker, 견인차]처럼 온라인 공간에서 이슈가 생길 때마다 재빨리 짜깁기한 영상을 만들어 조회수를 올리는 이슈 유튜버들을 조롱하는 뜻에서 등장한 말)'란 단어가 생겼을까요.

물론 지상파나 종편도 수익과 재미를 추구하지요. 특히 드라마와 오락프로그램은 재미가 핵심 요소이므로 방송사도 욕심을 낼 수밖에 없을 겁니다. 그러나 방송사는 정부의 심의와 제재를 받습니다. 방송통신심의위원회규칙 제150호 '방송심의에 관한 규정' 등에 따르면, 방송사업자는 공정성, 객관성, 윤리성(품위 유지 및 건전성 포함) 등을 확보해야 함은 물론 광고 금지나 방송언어 제한 등 68개 조항에 따른 심의를 받고, 위반하면 제재를 받습니다. 유튜브 등의 동영상은 이런 모니터링에서 자유로운 게 사실입니다.

그렇다면 사람들은 왜 유튜브에서 뉴스·시사 관련 콘텐츠를 시청할까요?

바로 재미를 좇기 때문입니다. 자극을 찾기 때문입니다. 시청률 조사기관 닐슨의 '2019 뉴스미디어 리포트'에 따르면, 유튜브 뉴스 이용자들의 이용 동기는 '흥미성', '편리성', '다양성' 등으로 꼽혔으며, '신뢰성', '전문성'과 같은 전통적인 뉴스의 중요 가치들은 유튜브 이용자의 이용 동기가 되지 못하는 것으로 나타났습니다. 또 뉴스 이용자가 유튜브 뉴스에 기대하는 차별화된 가치는 '재미'와 '유쾌한 장난(Frolic)', 그리고 '경박함'이었어요(양선희, 2021).

물론 재미를 주는 플랫폼과 콘텐츠 집합소로서 유튜브는 꽤 뛰어난 모델일 수도 있습니다. 재미와 자극을 추구하는 건 인간의 본성이니까요. 그러나 정확한 정보와 검증된 관점을 제시해야 할 뉴스의 플랫폼으로서는 대단히 위험한 모형이라고 봐야 할 것입니다. 단순히 재미와 자극을 위해 신뢰도가 부족한 뉴스·시사 콘텐츠를, 그것도 확증편향의 위험까지 감수하면서 보는 게 바람직할지 생각해볼 필요가 있겠지요.

　　더구나 유튜브는 중3 미만의 어린이나 청소년에게도 뉴스나 시사 콘텐츠를 쉽게 제시한다는 점에서 우려할 만합니다. 10대의 10% 이상이 이미 유튜브로 뉴스를 보는 상황이라고 했습니다.

　　기존 미디어의 뉴스는 중3 이상을 대상으로 한, 사실상 '15세 이상 관람가' 콘텐츠입니다. 내용이 딱딱하고 어려우니 아무래도 어린이는 스스로도 잘 보지 않게 되지요. 그러나 유튜브는 재미와 자극을 전제로 제공되다 보니 어린이들이 쉽게 시청하게 됩니다. 확증편향과 낮은 신뢰도 등의 문제가 어린이들에게 고스란히 노출되고 있는 셈입니다. 어린이들이 일찍부터 잘못된 정보와 생각에 물들 위험성이 큰 것이지요. 미디어와 교육 당국뿐 아니라 가정이나 학교에서 각별한 시청 지도가 필요한 이유입니다.

양파를 귀에 넣어라?
가짜뉴스와 유튜브

유튜브의 또 다른 문제점 중 하나로 늘 꼽히는 게 가짜뉴스가 생산·확산되는 통로 역할을 한다는 점입니다. 조회수를 늘리려다 보니 거짓 정보라도 사람들이 혹할 만한 내용을 뉴스인 것처럼 만들어 올리기도 하고, 이게 통한다 싶으면 다른 유튜버도 별다른 검증 없이 콘텐츠를 만들어 띄우기도 하지요.

이와 관련한 재미있는 사례가 있어요.

여러분은 혹시 "귀가 아플 때 양파를 귀에 넣으면 낫는다"는 이야기를 들어본 적이 있나요? 얼핏 생각해도 말이 안 되는 것 같지만, 2017년에 이런 내용이 신빙성 있는 뉴스인 듯이 퍼진 적이 있습니다. 어쩌다 그렇게 됐을까요?

세종대 이귀옥·손승혜 미디어커뮤니케이션학과 교수 등이 쓴 〈유튜브를 통한 식품 관련 가짜 의학 정보의 확산에 관한 사례연구: '귀 통증에 양파' 뉴스의 네트워크 분석〉이란 제목의 논문은 이 가짜뉴스가 어떻게 확산되는지 추적합니다.

'귀에 양파' 가짜뉴스의 등장 과정을 살펴봅시다. 최초 시작은 2015년 9월 '위티피드(Wittyfeed)'라는 해외의 온라인 사이트에 뉴스 형태로 올라온 것으로 추정됩니다. 귀에 양파조각을 넣으면 중이염 등 귓병이 치료된다는 내용으로, 글을 쓴 사람은 인도인인데 '스토리 텔러'라고 소개돼 있고 구체적인 경력을 확인할 수 없었죠.

문제는 이 글이 해외 매체의 '뉴스'라며 국내에 급속도로 확산했다는 점입니다. 같은 해 10월 국내 SNS인 빙글(vingle)에 한글로 번역되어 조회수 100만 회를 넘어섰으며, '귀에 양파 효능설'로 빠르게 퍼졌다는 겁니다.

2017년에는 유튜브 몇 곳에서 관련 영상을 올리며 급속도로 확산했다는 게 연구팀의 추적 결과입니다.

¶   2017년 3월 11일 처음 게시된 **TV의 '귀에 양파' 동영상은 150만 회에 가까운 높은 조회수를 기록하였다. 이어서 '**kichiChannel'에 동영상이 3월 22일에 게시되어 비교적 높은 시청횟수(약 1만 회)를 기록하자, 다른 그룹에 속하는 개인 채널 '**제 TV'(4월 27일)와 '**범'(4월 30일)에서 타이틀만 변형한 비슷한 동영상이 게재되었다. 높은 시청이 지속되자 처음으로 동영상을 업로드한 그룹과 동일한 그룹의 미용 관련 개인 채널(**auty Makeup And My Tips)에서 비슷한 동영상이 다시 게재되어 높은 공유 수를 보였다.

이 정보는 완전히 틀린 내용이라고 의학 전문가들이 계속 지적했지만 이 가짜뉴스는 계속 퍼졌죠. 나중엔 주요 미디어에 기사 형태로 등장하기까지 합니다. 이 부분은 제2부의 '가짜뉴스' 부분에서 조금 더 자세히 설명하도록 하겠습니다.

연구팀은 "개인 채널은 콘텐츠에 대해 전문성이 전혀 없음에도 불구하고, '귀에 양파' 뉴스를 구독자 등의 흥미를 유발하는 콘텐츠

유튜브 뉴스, 믿어도 될까

로서 지속적으로 확산시키고, 이를 재가공한 또 다른 콘텐츠가 다시 게시되면서 사례뉴스가 지속적으로 유통되었음을 확인할 수 있었다"고 말합니다.

'빼도 박도 못하는' 명백한 가짜 의학 정보 사례이고 학계의 전문가들이 추적한 사례여서 소개했습니다만, 유튜브에서 생산 또는 확산된 가짜뉴스가 어디 이뿐이겠습니까. 코로나19 사태를 맞아서도 각종 잘못된 의학 정보와 음모론이 유튜브에서 퍼지기도 했지요.

양선희 대전대 글로벌문화콘텐츠학과 교수는 〈유튜브 저널리즘의 시대, 전통적 저널리즘의 대응 현황과 과제〉라는 논문에서 이렇게 말합니다.

> ¶ 유튜브와 가짜뉴스의 조우는 상승작용을 일으키며 전통적 저널리즘을 위협하고 있다. 이용자의 선호에 따른 동영상 추천 알고리즘으로 가짜뉴스의 공유와 확산이 일파만파로 진행되기 때문이다. (…) 유튜브는 가짜뉴스의 진원지이자 확산 경로로서 가짜뉴스의 부정적 영향력을 확장, 증폭시킬 우려가 있다.

유튜브에는 브레이크가 없다

앞서 살펴본 것처럼 미디어 리터러시의 관점에서 유튜브는 수많은 부작용 탓에 경계해야 할 매체입니다. 확증편향을 일으키고, 검증되지 않은 정보를 올리며, 재미와 자극 위주로 가공하고, 심지어 가짜뉴스 생산·확산의 단골 통로이기도 합니다.

그러나 이런 부작용에도 불구하고 유튜브 쏠림 현상은 갈수록 심해집니다. 모두가 유튜브로 보고 싶은 영상을 찾아보고, 그런 만큼 유튜브에 업로드되는 영상도 늘어나고 있으니 당연한 흐름입니다. 글로벌 거대 자본의 힘이란 바로 이런 것입니다.

여러분도 알듯 유튜브는 구글이 인수해 운영하는 플랫폼입니다. 구글은 한참 유튜브 실적을 공개하지 않다가 최근에 공개하기 시작했어요. 2021년에 들어 유튜브는 분기당 60억~70억 달러(약 7조~8조2000억 원)의 광고 매출을 올리고 있습니다. 이런 흐름대로라면 한 해 유튜브로 거둬들이는 광고 매출만 30조 원 이상이 될 것으로 보입니다.

이 정도 금액이면 콘텐츠 제공자들에게 조금씩 수익을 나눠주고도 남습니다. 여러분도 잘 알듯, 영상 조회수가 늘어나면 유튜브에서 일정한 돈을 지급해주죠. 이 돈은 결국 사람들이 만들어 올린 콘텐츠를 유튜브에서 구매한 금액이라고 볼 수 있는데, 유튜브로서는 영상이 많고 이용자가 많을수록 광고 등의 수입이 늘어나니 손해 보는 일이 아닙니다. 참고로 구글코리아는 2020년에만 한국 시장에서 매출 2200억 원, 영업이익 156억 원을 올렸습니다. 이는 구글플레이의 영업 실적을 제외한, 유튜브 등을 앞세운 순수 광고 실적입니다.

유튜브 뉴스, 믿어도 될까

여기에 당해낼 국내 업체가 없습니다. 유튜브(구글)는 '규모의 경제'로 한국을 포함한 전세계 개인 콘텐츠를 모두 빨아들일 태세입니다. 콘텐츠 대가로 돈을 준다니 개인 입장에서는 유튜브를 마다할 이유가 없겠죠. 또 기존의 주요 미디어도 유튜브라는 전세계적으로 영향력 있는 플랫폼을 외면하기 어렵습니다. 앞다퉈 유튜브 채널을 만들고, 어떻게 하면 유튜브를 활용할 수 있을지 궁리하고 있어요.

그러면 앞서 설명한 유튜브의 부작용에 대해 유튜브나 구글은 책임 있는 자세를 취하고 있을까요?

물론 유튜브도 지나친 영상은 자체적으로 삭제합니다. 과도하게 성적이거나 폭력적인 영상들은 시시각각 수천수만 개씩 삭제하죠. 그러나 범죄에 가까운 명백한 문제 영상 외에 위와 같은 부작용을 내는 문제에 대해서는 별다른 조치를 취하지 않아요. '알고리즘에 의한 것'이라는 말만 반복하는 형국입니다.

거대 자본이라고 다 거부할 필요는 없습니다. 해외 업체나 상품이라고 거부할 필요도 없습니다. 영상 제작자가 곧 영상 시청자인, 또 영상물을 올려 주목을 받으면 수익을 낼 수 있는 새로운 플랫폼을 만든 건 일종의 혁신일 수 있겠죠. 유튜브는 적어도 2021년 현재 '대세'인 인기 플랫폼인 건 맞습니다.

그러나 그에 걸맞은 책임 의식은 별로 없어 보인다는 게 솔직한 느낌입니다. 특히 어린이들에게도 필터링 없이 재미와 자극을 앞세워 무차별적으로 노출된다는 건 매우 우려스럽지요. 더구나 구글과 유튜브는 해외 업체여서, 국내에서 규제하기도 쉽지 않습니다.

브레이크 없는 폭주 기관차 같다고나 할까요. 편리하면 시장에서 통합니다. 그러나 그 부작용도 늘 따라오지요. 여러분이 유튜브라는 뉴미디어를 접할 때 늘 잊지 말아야 할 지점입니다.

미디어 리터러시, 이것이 기본

1. 유튜브에서 뉴스·시사 정보를 얻는 사용자가 갈수록 늘고 있지만, 조회수와 수익이 목표인 반면 다단계 검증이 없다는 점에서 콘텐츠의 신뢰도는 약한 편이다.

2. 유튜브는 자체 알고리즘에 의한 콘텐츠 추천 시스템을 갖고 있어, 비슷한 성향의 영상에 노출되면서 확증편향이 일어날 수 있다.

3. 유튜브는 검증 시스템이 없으나 대중성을 지니고 있어 상당수 가짜뉴스의 생산·확산 창구 역할을 한다.

4. 유튜브나 구글은 업로드되는 콘텐츠를 활용해 막대한 수익을 올리고 있으나, 부작용 해소에 소극적인 데다 해외 업체여서 규제하기가 쉽지 않다.

유튜브 뉴스, 믿어도 될까

제2부

뉴스, 이것이 급소!
실전 미디어 리터러시

1부에서는 미디어 리터러시의 아주 기본적인 사항을 몇 가지 항목으로 정리해봤습니다. 미디어의 역할은 무엇인지, 미디어 전체 혹은 특정 미디어 종류별로 어떤 특징과 한계를 지니는지 그 구조를 살펴봤습니다.

1부의 내용이 상대적으로 거시적 관점의 미디어 리터러시라면, 제2부에서는 개별 뉴스를 볼 때 어떤 점에 유의할지 미시적인 관점으로 들여다보기로 해요. 우리가 무심코 보고 지나칠 수 있는 뉴스지만 알고 보면 보이는, 이면의 사실이 숨어 있을 때가 많습니다. 권력이 미디어를 역이용하기도 하고, 미디어의 취재에도 한계가 있기 때문에 정보가 부정확한 경우도 있죠. 2부를 통해 이런 이면의 역학이 어떻게 작용하고 있는지, 따라서 뉴스를 볼 때 무엇을 유의해야 할지 구체적으로 생각해보면 좋겠습니다.

07 '물타기 뉴스' 리터러시

2014년 세월호 침몰 사건이 일어났을 때가 기억납니다. 배가 가라앉는 장면이 실시간으로 중계돼 정말 충격이었죠. 다른 모든 국민들처럼 언론계 종사자들도 그 끔찍한 참사에 놀랐고, 사건의 경위를 파악하려는 취재를 했습니다. 그렇지만 나는 그때 금융감독원(금감원) 출입기자였습니다. 엄밀하게 따지면 금감원을 담당하는 내가 기사를 쓸 문제는 아니었죠.

그런데 회사에서 전화가 왔습니다. 부장이었어요.

"야, 너도 기사 좀 찾아봐야겠다. 사내에서 우리 금감원 출입기자는 뭐하냐고 난리야."

"네? 금감원이 뭘요?"

"아 글쎄, 《◇◇일보》 말야. 어제 오늘 계속 1면 기사를 금감원 발로 쓰니까."

"그런 건 부장이 커버해주셔야죠. 아무 내용도 없는 기사인데 내부에서 뭐라고 하는 건 모르고 하는 소리라고."

"그렇게 말은 하고 있지. 그래도 뭐 하나 찾아보긴 해봐."

이 당시 《◇◇일보》는 세월호의 선주사(船主社)인 청해진해운과 세모그룹(청해진해운의 지주 회사로, 구원파라는 종교 집단에서 운영하는 것으로 알려져 있었습니다)의 관계에 대한 기사를 쏟아내기 시작했어요. 금융감독원 전자공시에 다 공개된 자료를 가지고도 기사를 만들고 있었죠. 이를테면 감사보고서 내용을 '분석'했다며, 계열사 지분구조 등을 쓴 뒤 '수상하다'는 식으로 기사를 내보내는 것이었어요. 그래서 기사를 쓴《◇◇일보》금감원 출입기자에게 따졌습니다.

"선배, 이게 말이 되는 기사예요?"

"말이 되냐니. 뭐가?"

"아니, 다른 모든 기업이 다 하는 걸 써놓고 '의심스럽다'만 붙이면 어떡해요. 세월호 침몰하고 얘들 회사 지분구조하고 무슨 상관이 있어요?"

"너 말이 심하다?"

"엉뚱한 방향인 건 맞잖아요."

"물론 이런 방향이 청와대 부담을 덜어주기도 하겠지. 하지만 틀린 내용은 아니잖아? 검찰도 이 방향으로 들여다보고 있고. 기자가 최선을 다해서 기사를 발굴하는데 뭐가 어때서?"

권력은 희생양을 찾아 뉴스로 내보낸다

세월호 사건은 그야말로 아주 충격적이었어요. 이 사건이 단순한 해상 사고 사건이냐, 정치 권력의 책임 문제가 걸린 사건이냐는 건 아직도 공방이 벌어지고 있죠. 어느 쪽이 맞느냐를 떠나, 충격의 요체가 된 사실관계는 아주 단순했습니다. ① 배가 침몰하는 전 과정이 TV로 생중계됐다, ② 대통령이 '헛소리'를 했다.

당시 박근혜 대통령은 최고 수준의 '헛소리'를 해 국민적 슬픔과 분노를 자초했습니다.

"학생들이 다 구명조끼를 입었다고 하는데 그렇게 발견하기 힘듭니까?"

대통령만 빼고 전국민이 다 알고 있었어요. 배 안에 학생들이 갇혀 있는데 구명조끼라니, 정말 아무것도 모르고 있구나…. 그래서 '대통령 당신은 도대체 뭘 하고 있었냐'는 분노가 터져 나온 거지요. 하늘이 두 쪽 나도 위 ①, ②번은 변하지 않는 '사실'입니다.

스스로 무덤을 파다시피 했으니, 당연히 국민적인 분노가 한꺼번에 청와대로 쏠렸죠. 정치 권력에 위기가 온 것입니다. 이럴 때 정치 권력은 시선을 다른 데로 돌리려 해요. 여러 수단을 통해 생산한 뉴스를 통해 말입니다. 이런 뉴스를 '물타기 뉴스'라 부릅니다.

단골손님처럼 등장하는 기관이 검찰입니다. 수사를 통해 뉴스의 흐름을 바꾸는 거죠.

검찰 수사로 사건 방향이 재설정됩니다. ① 유병언이란 사람을

체포해야 한다, ② 구원파란 사이비 종교 집단은 문제가 많다, ③ 이들이 운영하는 세모그룹으로부터 배상을 받아내야 한다. 그러자 온 국민은 유병언이라는 사람이 잡히기만을 기도하게 됩니다.

세월호의 주인인 청해진해운이 유병언이라는 사이비 교주와 관련 없는 평범한 회사였으면 어쩔 뻔했어요? 하긴 정치 권력은 그리 만만한 존재가 아닙니다. 아마 물타기 뉴스를 만들 수 있는 다른 포인트나 희생양을 찾아냈을 겁니다.

이런 뉴스는 유심히 살펴야 합니다. 위기에 몰린 권력이 물타기 뉴스를 어떻게든 만들어내는 건 어제 오늘 얘기가 아니거든요.

역시 박근혜 정부 때의 일입니다. 《경향신문》에서 '성완종 리스트 사건'이라 불리게 된, 정치인들의 불법 자금 수수 의혹 기사를 내보냈어요. 성완종 전 의원이 법원 영장실질심사를 앞두고 스스로 목숨을 끊었는데, 그 직전 《경향신문》과 50여 분간 전화 인터뷰를 했습니다. 그러면서 여권 실세들에게 돈을 줬다는 사실을 폭로했어요. 당시 《경향신문》은 "김기춘 10만 달러·허태열 7억 줬다", "2012년 홍문종에게 대선 자금 2억 줬다…홍준표 경선 때 1억", "이완구에 3000만 원 줬다" 등의 내용을 담은 기사를 연속 보도했고, 박근혜 정부는 난처한 상황에 빠졌습니다.

검찰이 수사에 나섰습니다. 당시 여권 실세들에게 폭로가 쏠려 있었지만, 곧이곧대로 수사하는 검찰이 아닙니다. 민주당 김한길 전 의원과, 노무현 전 대통령의 형 노건평 씨까지 수사 대상에 올렸고, 특히 노건평 씨에 대해서는 불기소하면서도 범죄 정황을 장황하게 설명하는 설명 자료를 배포하기까지 했어요. 즉 여권 실세들에 쏠린 의혹의 시선을 야당 인사들에게 돌리려는 행위를 한 겁니다. 어떻게든 정치 권력은 자신의 부담을 줄이기 위해 다른 타깃을 찾아 시선을 돌린다는 걸 알 수 있습니다.

실제로 언론이 이런 정치 권력의 시도에 호응해서 물타기 뉴스를 내보내는 경우가 많습니다. '성완종 리스트 사건' 수사결과 발표 때의 1면 보도를 보면, 〈친박 무죄, 비박 유죄, 폭로엔 '괘씸죄'〉《경향신문》, 〈성완종 리스트 수사, 청와대 뜻대로 끝났다〉《한겨레》) 등과 달리 〈성완종 특사 대가로 노건평 측에 5억 줘〉《조선일보》, 〈성완종, 특별사면 때 노건평 씨에 5억 줘〉《동아일보》)로 야당 쪽에 더 주목한 신문도 있었으니까요.

물타기는 특정 정부만의 문제는 아닙니다. 이명박 정부 때도 촛불집회로 정권이 초반부터 위기에 봉착한 적이 있었습니다. 이때 이명박 정부는 전임 대통령(노무현)에 대한 검찰 수사와 관련한 뉴스 생산으로 국면을 전환한 바 있습니다.

실전 리터러시
신천지 수사 뉴스, 어떻게 볼까?

다음 뉴스를 보고 이 뉴스가 전체 또는 일부 물타기인지 아닌지 생각해보세요. 정치 권력(정부나 대선주자)이 곤란한 상황에 빠졌었는지,

혹시 희생양을 찾은 건 아닌지, 행정력과 수사기관을 동원해 특정 방향으로 유도하는 뉴스를 생산한 건 아닌지를 판단해봅시다. 정답은 없습니다. 그러나 각자 판단해볼 수는 있겠죠. 이런 게 실제 생활에서 여러분이 갖춰야 할 미디어 리터러시 능력입니다.

검찰, '코로나 방역 방해' 신천지 이만희 구속기소

'코로나19' 방역 활동 방해 등 혐의로 구속된 이만희(89) 신천지예수교 증거장막성전(이하 신천지) 총회장이 재판에 넘겨졌습니다.

수원지검 형사6부(박승대 부장검사)는 오늘(14일) 감염병예방법 위반, 위계에 의한 공무집행 방해, 특정경제범죄가중처벌법 위반(횡령), 업무방해 등의 혐의로 이 총회장을 구속기소하고 신천지 관계자 11명을 같은 혐의로 함께 재판에 넘겼습니다.

이 총회장은 지난 2월 신천지 간부들과 공모해 방역 당국에 신도 명단과 집회 장소를 축소해 보고한 혐의로 지난 1일 구속됐습니다.

또 신천지 연수원 신축 과정에서 50억여 원의 교회 자금을 쓰는 등 56억 원을 횡령하고, 2015년부터 지난해까지 지방자치단체의 승인 없이 해당 지자체의 공공시설에서 종교행사를 연 혐의도 받고 있습니다.

함께 기소된 신천지 간부 등 관계자 11명은 증거 인멸에 관여하거나, 서류를 위조해 건축 허가를 받고 시설물을 무단 사용하는 등 불법적인 방법으로 교단 활동을 해온 혐의를 받고 있습니다.

검찰은 지난 2월 전국신천지피해자연대로부터 고발장을 접수해 수사를 벌였고, 지난달에는 방역 당국 제출 자료 일부를 고의 누락하는 등의 혐의로 신천지 과천 총회본부 소속 총무 등 3명을 구속기소하고, 4명을 불구속기소했습니다.

이날 이 총회장을 포함해 12명이 추가 기소되면서 이번 사건으로 재판에 넘겨진 인원은 모두 19명으로 늘었습니다.

신천지 이만희, 폐쇄시설 무단출입…경기도 '고발'

경기도는 신종 코로나바이러스 감염증(코로나19) 확산 우려로 폐쇄한 시설에 무단출입한 이만희 신천지예수교 증거장막성전 총회장(사진) 등 관계자 6명을 '감염병의 예방 및 관리에 관한 법률' 위반 혐의로 8일 경찰에 고발했다.

경기도에 따르면 이 총회장 등은 지난 5일 경기도가 코로나19 확산 방지를 위해 '시설 폐쇄 및 집회금지 등'의 조치를 내린 가평군 청평면의 신천지 시설에 허가 없이 드나든 것으로 확인됐다. 이곳은 신천지가 평화박물관 건립 공사를 추진하는 부지로 알려져 있다. 도는 "이 총회장 일행이 5일 오전 10시 30분께 시설 내부 관리와 식목 등의 목적으로 폐쇄 시설을 무단출입한 뒤 수십여 분간 머무른 것을 확인했다"며 현장 사진과 동영상 등을 가평경찰서에 제출했다. 감염병 예방법에 따라 폐쇄된 시설은 지정된 관리인 이외에는 출입할 수 없으며, 위반 시 300만 원 이하 벌금형에 처해진다.

경기도는 지난 2월 24일 신천지 측 소유 및 관리시설에 대해 이달 5일까지 '시설 폐쇄 및 집회금지 등' 행정처분을 내렸다. 이어 2일에는 신천지 측이 여전히 방역 조치에 성실하게 따르지 않고 있다며 경기도 내 427

개 신천지 시설에 대한 시설 폐쇄와 집회금지 명령을 계속 유지한다고 발표했다. 이성호 경기도 문화종무과장은 "이후 같은 사례가 발생하면 427개 폐쇄시설에 대한 관리 목적의 출입도 불허하겠다"고 강력 대응 의지를 밝혔다.

이날 이재명 경기지사는 자신의 SNS를 통해 "모범이어야 할 총회장이 먼저 폐쇄 명령을 위반했다"며 "한 번 더 위반하면 그 이전 이 총회장의 방역 협조 지연(신도 명단 조사 장시간 비협조, 총회장의 검체 채취 장시간 거부)에 대한 형사 책임까지 물을 것임을 경고한다"고 밝혔다.

위에 제시한 2개의 기사는 각각 '이만희 씨와 그가 이끄는 신천지 관계자들에 대한 감염법 위반 등 검찰 수사 내용'과, '이들이 경기도의 한 신천지 시설에 무단으로 침입한 사실에 대한 경기도의 고발 등 처분'을 담고 있습니다. 이 기사들을 보면 자연스레 신천지가 코로나19의 방역을 방해하는 집단이라는 생각을 품게 됩니다(물론 그게 사실인 면도 있겠지요). 정치 권력의 입장에서는 '신천지 때문에 코로나19가 퍼지고 있다'는 책임 전가가 가능한 것이지요.

신천지에 대한 대대적인 조사나 행정처분, 수사를 보면 묘하게도 세월호 참사 당시 유병언과 구원파를 다루었던 일이 떠오릅니다. 만약 신천지가 아니라 좀 더 일반적인 교회였다면 이처럼 '거친 형태'로 조사·고발할 수 있었을지 의문입니다. 그랬다면 이처럼 손쉽게 여론의 공분을 끌어낼 수 있었을까요?

위 두 기사에서 다룬 내용에 관해 검찰 기소가 이뤄졌고 현재

법원 1심 판단이 나와 있는 상태입니다. 결론만 알려주자면, 두 건 모두에서 이만희 씨는 무죄 판결을 받았어요(코로나와 관계없는 횡령 등 별건을 제외하고 말입니다). 그러나 그건 나중 얘기죠. 당시에는 모든 시선이 정치 권력이 아닌 이만희 씨에게로 쏠렸다는 점이 누군가에게는 중요할 수 있겠죠.

1심 판결이 정답은 아니지만, 여러분의 미디어 뉴스 해석이 무엇을 보았고 무엇을 놓쳤는지 참고사항은 될 겁니다.

궁금한 이야기
권력은 정말 기사를 막을까

2013년에 나간 이 기사를 한번 볼까요.

삼성전자 메모리반도체를 이끄는 담당 사장이 불산 누출 사고에 대해 "돈만 벌면 그만"이라고 말했다.

전동수 삼성전자 반도체사업부 사장은 8일 기자들과 만나 잇단 불산 누출 사고에 관한 질문을 받고 "몰라요. 나는 돈만 많이 벌면 되잖아"라고 답했다. 전 사장은 또 유해물질 누출 등 사고가 발생할 경우 기업에 대한 처벌을 강화한 유해물질관리법 개정안에 대해서는 "권오현 부회장이 언급한 것처럼 국회에서 잘 처리할 것"이라고 말했다.

지난 1월 삼성전자 반도체사업부의 화성 11라인에서 불산이 누출돼 이

곳에서 작업하던 협력업체 직원 1명이 숨지고 4명이 다치는 사고가 발생했다. 이어 지난 2일에도 같은 장소에서 불산이 누출돼 역시 이곳에서 일하던 또 다른 협력사 직원 3명이 부상을 입고 인근 병원으로 후송됐다.

잇단 불산 누출 사고에도 전 사장이 무책임한 발언을 한 사실이 알려지자 네티즌들이 들끓고 있다. 전 사장의 자질에 문제가 있을 뿐 아니라 사고 재발방지 등은 물건너갔다는 것이다. 아울러 소셜네트워크(SNS) 등에는 환경이나 협력사 직원의 생명보다 수익을 우선하는 삼성식 경영에 대한 성토도 적지 않다.

삼성전자 관계자는 "유해물질을 철저히 관리하기 위해 사내 별도 조직을 만든 만큼 (전 사장은) 사업에 전념하겠다는 취지로 말한 것"이라며 "시간이 없는 상황에서 짧게 답하다 오해를 살 말을 한 측면이 있다"고 해명했다.

삼성전자 반도체사업부는 1분기 매출 8조5800억 원, 영업이익 1조700억 원을 기록해 지난해 4분기보다 매출과 이익이 각각 11%와 25% 감소했다.

이 기사는《경향신문》기자로 있을 때 내가 썼는데, 모든 언론 중 가장 먼저 보도된 내용이었어요. 기자들이 흔히 말하는 '단독'이었죠. 그런데 이 기사가 단독이 된 과정이 특이합니다. 나는 저 현장에 있지 않았거든요. 그래서 온라인 기사 제목 앞에 '[단독]' 표시를 붙이지도 않았어요.

먼저 상황 설명을 간단하게 해야겠습니다. 매주 수요일 아침마다 삼성 사장단 회의가 열리는데, 삼성을 출입하는 주니어급 기자들 몇 명이 회의장 입구에서 취재하는 게 매주 벌어지는 풍경이었어요. 사장급 이상 고위인사들이 오가니 그들에게서 좋은 뉴스거리가 나올 수도 있으니까요. 나는 그때 다른 일이 있어서 여의도 LG로 출근한 것으로 기억합니다(사업 분야의 특성 때문에 보통 삼성 담당이 LG도 함께 담당합니다).

그런데 다른 회사 기자들이 화급하게 도움을 요청했어요.

"선배, 전동수가 말을 이상하게 해서 온라인 기사가 몇 개 나갔는데 다 삭제됐어요."

"뭐? 무슨 말을 했는데."

그때 저 얘기를 들은 겁니다.

"선배,《경향신문》이 써야 하지 않겠어요? 삼성이 기사를 막고 있다니깐."

그래서 해당 내용을 회사에 보고하고 기사를 쓰겠다고 했지요. 《경향신문》의 데스크는 망설이는 듯한 반응이었어요. 앞서 설명했듯 삼성이란 거대 자본 권력을 의식한 것이겠죠(데스크가 말은 그렇게 하지 않지만 말입니다). 그러나 결국 내보낼 수밖에 없었어요. '언론사 기자들이 지금《경향신문》만 믿고 뉴스를 내보내 달라고 콕 집어 부탁하는데 그걸 외면할 거냐'고 설득했거든요.

내가 삼성 측의 설명을 들으려 전화하자, 삼성 측 인사는 화들짝 놀랐습니다. 쓰지 말아달라고 부탁하다가, 안 되겠다 싶으니 전동수 사장의 설명을 들어보고 전해주겠다고 하더군요.

"홍 기자님, 사장님이 이렇게 말하라고 하네요. '앞으로 그런 사고가 나면 벌금을 내야 하니, 그 벌금 낼 돈을 많이 벌어놓겠다는 뜻이었다'고."

"헉, 제정신이에요? 그럼 벌금 벌어놓고 그거 믿고 계속 사고를 내겠다는 말입니까, 뭡니까. 전동수 사장도 참."

누가 들어도 그런 해명은 말도 안 되는 것이었죠. 결국 삼성 측이 '유해물질을 철저히 관리하기 위해 사내 별도 조직을 만든 만큼 사업에 전념하겠다는 취지로 말한 것인데, 시간이 없는 상황에서 짧게 답하다 오해를 살 말을 한 측면이 있다'는 해명으로 바꾸기로 했어요. 전동수 사장은 이튿날 공식 사과문을 냈고, 국회에도 불려 나가 사과를 했습니다.

나중에 공개된 그 자리의 녹취록은 이랬습니다. 한 인터넷 매체 기자가 《경향신문》 보도 후에 뒤늦게 쓴 〈기자의 눈: "돈만 벌면 된다"는 삼성CEO 발언 유감〉이란 칼럼에서 비로소 공개됐어요.

기자: 안녕하세요, 계속 기다렸어요. 사장님.

전 사장: 왜?

기자: 이번에 불산 문제 관련해서 책임 조치는 어떻게 취해지게 될까요?

전 사장: 몰라.

기자: 아직 얘기 나온 부분이 없었나요?

전 사장: 난 돈만 벌면 되잖아.

기자: 유해화학물질관리법에 대해서는 어떻게 생각하세요? 한마디만 해주세요.

전 사장: 뭐 권오현 부회장이 '국회에서 잘 알아서 하겠지'라고 조금 전에 이야기했데. 나도 '국회에서 알아서 잘 하겠지' 이래야지 뭐.

이 기자는 "짧은 순간이었지만, 매우 부적절한 발언이었다. 그는 처음부터 고압적이었다. 건성으로 웃으며 얘기했다. 불과 얼마 전 대국민 사과를 하며 보였던 숙연함은 찾아볼 수 없었다"고 전합니다. 사고로 사람이 죽었는데 말이죠.

자, 이 정도 내용이면 뉴스가 나와 사람들이 알아야 하지 않을까요? 그런데 해당 기자는 녹취까지 갖고 있으면서도 보도가 막혀, 사과문이 나올 때까지 저 내용을 뉴스로 내보낼 수 없었습니다(내보내긴 했는데 바로 삭제됐다고 합니다).

정치 권력도 비판적인 기사를 막으려고 분주하게 움직입니다. 아주 잘 알려진 사례로 박근혜 정부 때 이정현 당시 홍보수석이 KBS 보도국장에게 전화를 걸어, '세월호 관련 보도'를 수정·삭제해달라고 요청한 일이 있었습니다. 이정현 수석은 "아주 아예 그냥 다른 걸로 대체를 좀 해주든지, 아니면 (*보도를 계속) 한다면은 말만 바꾸면 되니까 한 번만 더 (*수정된 리포트로) 녹음 좀 더 해주시오. 한 번만 도와줘, 진짜. 요거 하필이면 또 세상에 (*대통령님이) KBS를 오늘 봤네, 아이고 한 번만 도와주시오"라고 말하고, 보도국장은 "여기 조직이라는 게 그렇게는 안 됩니다. 그렇게는 안 되고, 제가 하여간 내 힘으로 할 수 있는 데까지 해볼게요"라고 답합니다. 정치권력의 요청(또는 압박)이 이렇게 이뤄진다는 걸 확인할 수 있습니다.

정치·자본 권력을 비판하는 뉴스는 눈여겨볼 필요가 있습니다. 뉴스가 나오지 않도록 막으려는 압박이 늘 있다고 해도 과언이 아니거든요. 그 압력을 뚫고 여러분에게 겨우 전달된 뉴스들은 그만큼 값진 뉴스라고 할 수 있을 겁니다.

08 검찰 뉴스 리터러시

여러분은 잘 인식하지 못하고 있을지도 모르지만 우리가 접하는 뉴스들 중에는 검찰에서 나오는 소식들이 상당히 많습니다.

사실 미디어에서는 검찰과 법원을 담당하는 법조팀, 그중에서도 특히 검찰 담당 기자를 핵심 인력으로 봅니다. 그래서 아무나 보내지도 않아요. 일을 잘한다는 평가를 받는 기자를 배치하는 경우가 대부분이죠.

기사, 특히 중요한 기사를 많이 쓰기 때문이에요. 그 말은 바꿔 표현하자면 검찰발 기사가 지면이나 메인 뉴스에 많이 등장한다는 얘기도 될 겁니다. 왜 그럴까요?

여러분은 이런 얘기도 들어봤을 겁니다. 검찰과 언론이 서로 공생하며 기사를 만들어주고 그 기삿거리를 키운다는 식의 얘기 말이죠. 완전히 틀린 말은 아닙니다.

사실 검찰이라는 수사기관과 그 구성원인 검사들 또한 언론의 감시·비판 대상입니다. 검사들은 개인을 재판에 넘길 권한(기소권)이 있을 뿐 아니라 그 과정에서 소환, 압수·수색, 체포, 구속영장 청구, 계좌추적, 출국금지 등 개인의 자유를 제한하는 수단을 합법적으로 사용할 수 있죠. 그 적잖은 공적인 권력을 잘못 사용한다면 개인의 자유는 크게 억압됩니다. 그러니 언론이 주시할 필요가 있는 것이지요. 그러나 현실적으로는 상당수 출입기자들이 검사들과 친분을 쌓고 있거나 쌓고 싶어 하는 것으로 보였습니다. 이 부분은 사실 문제가 됩니다. 이 장의 뒷부분에서 따로 다루려 합니다.

다시 돌아가서, 왜 검찰발 기사가 많이 나올까요? 검사와 기자가 친해서? 그런 건 부산물일 뿐입니다. 근본적인 이유는 뉴스 시장의 수요에 있습니다.

검찰 뉴스, 왜 쏟아지나

미디어는 많은 소스에서 뉴스를 생산합니다. 그중 하나가 수사기관의 수사죠. 공권력의 강제적인 조치는 많은 사람의 관심을 받습니다. 예를 들어, '이재용 삼성 부회장 "내년엔 반도체 투자 2배로 늘리겠다"'란 기사와, '검찰, 이재용 삼성 부회장 긴급체포…뇌물 정황 포착'이란 기사를 상상해서 비교해보세요. 여러분은 어느 기사에 먼저 눈길이 가겠습니까?

이것은 강제 수사권과 기소권을 가진 검찰의 활동에서 비롯됩니다. 어떤 사람, 특히 유명하거나 정치·자본 권력을 가진 사람이 범죄로 인식될 만한 행동을 했다고 칩시다. 이 내용을 인지하면 그것 또한 미디어에겐 기삿거리가 됩니다. 특히 권력을 감시·비판하는 언론 입장에서는, 이런 역할을 어느 정도 수행하는 기관인 검찰의 수사 내용에 관심이 많을 수밖에 없습니다. 뉴스 소비자도 그렇겠죠. 그래서 비록 그 수사가 선택적이거나 기획된 방향일 가능성이 있다 하더라도, 검찰이 중요한 권력자(국회의원 또는 장관 등의 고위 공무원 등)를 수사한다고 하면 그 내용을 기사로 쓰게 되는 것이지요.

그럼 검찰은 어떤 식으로 수사를 하게 될까요? 수사기관이 본격적으로 수사하기 전에 포착된 범죄 관련 정황을 '첩보'라 부릅니다. 앞서 살펴본 최순실 게이트는 미디어가 수사도 없는 상태에서 먼저 '첩보'로 기사를 만든 셈이죠. 검찰 수사도 범죄 첩보에서 시작합니다. 검찰에서는 첩보를 다루는 관련 부서를 따로 두고 있기도 하고요. 미디어의 보도 내용도 수사기관엔 범죄 첩보가 됩니다.

첩보가 어느 정도 근거 있다고 판단되면 수사기관이 수사에 나섭니다. 검찰이 수사에 나서면 이건 첩보에 머무르지 않아요. 공적인 기관이 움직인 거니까요. 신뢰도 높은 비위 혐의 뉴스가 되는 것입니다. 수사 후 검찰이 범죄 피의자를 기소하면 재판이 이뤄집니다. 법원이 유무죄를 판단하는 거죠. 우리나라는 3심까지 있어서, 대법원 판결로 유무죄가 확정되곤 하죠. 즉 범죄에 대한 판단 과정을 정리하면 이렇습니다.

¶   범죄 첩보 → 검찰의 수사 → 검찰의 기소 → 1심 법원의 재판 → 1심

판결 → 2심 법원의 재판 → 2심 판결 → 대법원의 재판 → 대법원의 최종

판결

이 모든 단계가 뉴스의 재료가 됩니다. 사실 인권을 보호하고 '무죄 추정주의'란 헌법 정신에 입각하자면, 원칙적으로는 대법원 최종 판단 전까지는 그 사람의 범죄 혐의에 대해 사람들에게 알리는 건 바람직하지 않다고 할 것입니다(심지어 대법원 확정판결이 났다고 하더라도 과연 한 사람의 범죄 여부를 다른 사람에게 알리는 게 인권 보호에 부합하는 일인지 논란거리이기도 하겠습니다). 그런데 세계 어느 나라든, 사람들은 뉴스를 빨리 알고 싶어 합니다. 실제 뉴스 시장의 수요는 '빠른 뉴스', 즉 속보를 원합니다. 또 역시 헌법 정신에 따르자면 국민에겐 '알 권리'도 있어요. 특히 사회적으로 큰 영향을 주는 뉴스라면 더더욱 그렇지요.

예를 들어 이재용 삼성 부회장이 검찰 수사를 받게 되었다고 합시다. 미디어가 무죄 추정의 원칙을 지켜서 아무 보도를 안 하고 있다가, 약 2년 후 대법원 판결이 나온 뒤에야 '사실은 이재용 부회장이 2년 전에 이런저런 혐의로 수사를 받았고, 기소가 돼, 구속되기도 하고 보석으로 풀려나기도 하다가, 1~2심 재판에서 이런 결과가 각각 나왔는데 이번에 대법원에서 이렇게 확정됐다'고 보도해야 맞을까요?

일부 그렇게 볼 수도 있습니다. 그러나 그렇게 기다려줄 뉴스

소비자가 몇이나 될까요? 사람들은 깜짝 놀랄 겁니다. '2년 동안 그런 일이 있었다고?'라고 하면서 말이죠. 그리고 그런 중요한 소식(삼성은 한국 경제에서 대단한 비중을 차지하는 기업이니, 그 총수에 대한 수사와 재판은 분명히 큰 사건이죠)을 왜 이제야 알렸냐면서 화를 낼 겁니다. 그렇게 확정될 때까지 보도를 하지 않아서 좋은 건 이재용 부회장이나 그 주변 사람들뿐일 겁니다.

한마디로, 사람들은 중요 인물에 대한 정보는 첩보 단계나 수사 단계에서부터 알고 싶어 해요. 그래서 수사와 기소 상황에 대한 검찰 뉴스가 많은 겁니다.

물론 미디어 입장에선 수사기관이 움직이기도 전에 첩보를 확보해 특종 보도하는 걸 더 좋아하겠죠. 그래서 미디어는 이런 특종을 잡으려고 노력해요. 실제로 최순실 사건 보도에서처럼 미디어의 보도를 수사기관이 따라가기에 급급한 형태의 사건도 아주 간혹 벌어집니다. 그러나 여러분도 짐작하듯 그게 쉬운 일은 아닙니다. 미디어는 강제력을 지니지 않은 민간 기관이기 때문에 사건을 파헤치는 데 한계가 있을 수밖에 없지요. 상대적으로 빠르고 확실하고 양적으로도 풍부한 검찰의 수사속보에 미디어가 관심을 쏟는 이유입니다.

물론 법조팀 기자들이 검찰에만 눈과 귀가 쏠려 있다는 '현실'에 대한 문제 제기도 있습니다. 정작 유무죄를 확정하는 법원은 판결이 느리게 나온다는 이유로 뒷전으로 취급하고 말이죠. 검찰이 수사할 때는 대대적으로 보도해 '나쁜 놈'을 만들어버린 뒤, 정작 법원에서 무죄 판결이 나올 땐 건조하고 작게 처리하는 경우가 흔히 있으니 일리 있는 지적입니다.

수사속보 보도를 경쟁하는 양상이 분명 있어요. 이렇게 되면 단지 수사하고 기소를 했을 뿐인데 여론 재판에서는 이미 유무죄 결론이 나는 부작용이 생길 수 있겠죠.

그런데 뉴스를 만드는 사람의 입장에서 이야기해보면, 법원 단계에서 나온 내용으로 뉴스를 쓰면 '기시감'이 있는 사건일 수밖에 없습니다. 이미 검찰 수사 때 사건의 얼개 자체는 다 보도된 내용이잖아요. 앞의 스토리는 다 같고 결론만 덧붙이는 것이어서 '와, 새로운 내용이네'란 느낌은 적을 수밖에 없습니다. 법원 판결의 뉴스가 상대적으로 비중이 적게 되는 이유입니다.

어떻게 해야 옳을까요? 정답은 없어요. 현실과 이상, 그 사이에서 우리 스스로 자문해볼 일입니다. "대법원 최종 판단까지 그 뉴스를 몰라도 되는가? 우리는 그렇게 기다려줄 수 있는가?"라고 말이지요. 참고할 만한 사항으로 박영흠 협성대 미디어영상광고학과 초빙교수가 2020년에 낸 〈법조 뉴스 생산 관행 연구〉의 분석을 소개합니다.

¶　(*법조 기사가) 법원 공판으로 무게중심을 옮기기 어려운 첫 번째 이유는 법원발 기사에 대한 수용자들의 관심이 저조하다는 데 있다. 검찰 수사 속보는 클릭수도 높고 댓글이 많이 달리지만, 법원의 공판 기사는 반응이 거의 없다.

검찰 뉴스 vs 피의자 뉴스

검찰의 수사속보는 신뢰도 면에서 어떨까요? 흔히 말하는 '케바케(경우에 따라 다름)'란 건 당연한 말입니다. 그러나 대체로는 신뢰도가 있다고 보는 쪽이 맞을 겁니다. 특히 사실관계에선 말이죠. 앞서 말한 수많은 강제 조치를 통해 증거를 확보할 수 있는 기관이니까요. 완전한 조작 사건이 아닌 바에는 대부분 그럴 겁니다.

두 개의 뉴스를 볼까요. 이들 뉴스는 같은 사건을 다루고 있어요. 그러나 완전히 다른 방향입니다. 앞의 기사는 내가 썼던 이숨투자자문 관련한 뉴스인데, 이 기사가 나가고 이틀 후에 일부 매체에서 정반대 입장에서 기사를 다뤘어요. 한번 읽어보고 다음 얘기를 해볼까요.

'이숨투자자문' 금감원 조사 막고 되레 112 신고

투자 명목으로 수천억 원을 끌어모아 부당하게 사용한 것으로 파악된 금융사가 현장 조사에 나선 금융감독원 검사역들의 출입을 봉쇄하고, 오히려 '무단침입' 등으로 검찰에 고소하는 상황이 벌어졌다.

서울중앙지검 형사4부는 개인투자자들로부터 3000억 원가량의 투자금을 모집해 다른 용도에 사용한 혐의(사기 등)로 '이숨투자자문'을 수사 중인 것으로 14일 알려졌다.

검찰의 이번 수사는 금감원의 사전 조사와 고발로 시작됐다. 금감원은 이 회사가 투자자들에게 특정 투자 명목으로 자금을 모집한 뒤 그와는 다른 용도로 사용한 정황을 포착하고 계좌추적을 벌였다. 금감원은 금융사 현장 조사가 필요하다고 판단하고 최근 검사역들을 이 회사에 보내 자료분석 등 특별검사를 진행하려 했다.

그런데 이숨투자자문은 사무실 입구에서 금감원 검사역들을 막아섰다. 직원들을 동원해 물리적으로 금감원 직원의 진입을 막으면서 압수수색 영장 제시를 요구했다. 그리고 금감원 직원이 자사 건물에 무단침입했다며 경찰에 신고했다. 이숨투자자문은 "금감원 측이 영장도 없이 임직원에게 폭언을 하며 사무실을 압수수색해 업무를 방해했다"면서 검찰에 고소장까지 제출한 것으로 알려졌다.

금감원은 관련법규상 금융사에 대한 검사·감독을 실시할 수 있다. 이 때문에 금융사가 금감원 현장 조사를 막아선 것은 이례적이다. 금감원 관계자는 "절차에 따라 금감원장 검사명령서를 제시했으나 피검 금융사가 막무가내로 막아서는 바람에 어쩔 수 없이 철수했다"면서 "비리 의혹이 있는 금융사에 의해 금감원 검사역들이 현장에 들어가지도 못하고 쫓겨난 경우는 처음 본다"고 말했다.

조치가 즉각 이뤄지지 않으면 서민투자자 피해 등이 우려된다고 판단한 금감원은 곧바로 계좌추적 내역 등 그동안 조사한 자료를 서울중앙지검에 넘겼다. 금융권에서는 이 회사의 자금운용에 문제가 없다면 금감원에 자료를 보여주지 못할 이유가 없다고 보고 있다.

이숨투자자문 관계자는 금감원 검사 거부와 검찰 고소 이유 등을 묻는 경향신문의 질의에 "지금으로선 언론과 인터뷰하기 어렵다"고 답했다.

금감원 '강압 조사 혐의'로 피소

금융감독원이 현장 검사를 나갔다 대상 업체로부터 '강압 조사'를 이유로 고소와 손해배상소송에 휘말렸다.

이숲투자자문은 17일 금감원 A팀장 등 직원 7명에 대해 급여 가압류 등 채권가압류신청과 손해배상청구소송을 서울중앙지법에 제기한다고 밝혔다.

이숲투자자문은 지난 7일 이들에 대해 이미 직권남용과 업무방해혐의 등으로 검찰에 고소한 상태여서 민·형사소송을 모두 제기한 셈이다. 금감원으로서는 현장 검사와 관련해 법적 분쟁에 휘말리게 된 첫 사례다.

17일 금감원은 해당업체를 사기혐의로 검찰에 고발했고 검찰은 이날 오전 강남에 위치한 이숲투자자문 사무실을 압수수색했다. 검찰은 이숲투자자문이 투자자들의 자금을 모아서 선물투자를 하는 등 집합투자를 한 혐의를 잡고 수사에 나선 것으로 알려졌다.

금감원은 지난달 31일 이숲투자자문 사무실을 방문해 현장 검사를 벌였다. 검사는 사전 통지 없이 이뤄졌다. '긴급을 요하는 경우 등'은 통지 없이 조사를 할 수 있다는 규정에 근거한 것이다.

금감원과 이숲투자자문의 충돌은 조사과정에서 발생했다. 이숲투자자문은 고소장에서 "A팀장 등이 직원의 서랍을 열라고 지시한 다음 들어 있는 서류를 뒤지고 직원의 컴퓨터를 마음대로 검색했다"며 "직원이 사용 중이던 서류를 빼앗고 업무용 컴퓨터도 빼앗는 등 강제조사가 있었다"고 주장했다. 당시 현장에 있던 직원들로부터 받은 진술서에는 금감원의 강압 조사를 주장하는 내용이 상세히 적혀 있다.

하지만 금감원은 강제조사는 없었고 직원들의 동의를 받아 진행된 일이라고 반박하고 있다. A팀장은 "법적 절차를 준수했지만 오히려 업체 직원들이 조사를 방해하고 위협해 검사업무를 수행하지 못하고 철수했다"고 말했다.

이숨투자자문은 금감원이 불법적인 조사를 한다며 경찰에 신고했고 금감원 직원들은 이후 사무실에서 철수했다. 금감원은 "검사대상 업체가 조사를 거부한 만큼 더 이상 조사를 진행하기 어려웠다"고 말했다.

금감원은 자체 조사가 어려워지자 이숨투자자문을 1000억 원대 이상의 사기 혐의로 검찰에 고발했다.

금감원은 이숨투자자문의 불법성이 짙은 만큼 투자자 보호를 위한 조사가 불가피했다는 입장이다. 하지만 법조계에서는 업체의 불법성과 조사과정의 절차적 정당성을 별개의 사안으로 보고 있다. 불법성을 입증하기 위해서라도 절차를 위반해 수집한 증거에 대해서는 증거능력을 인정하지 않고 있다. 대법원은 지난 2007년 11월 전원합의체 판결을 통해 압수수색 영장범위를 넘어선 압수물의 증거능력을 인정할 수 없다고 밝혔다.

금감원 현장검사는 법원의 영장을 받아 집행하는 압수수색처럼 강제조사 권한이 있는 게 아니라 피조사자의 동의를 얻어 진행하는 임의조사다. 이숨투자자문은 직원들의 동의가 없었다고 주장하는 반면 금감원은 동의하에 진행된 조사라고 반박하고 있다.

금융권의 한 변호사는 "금감원이 직원 동의를 받아 진행하는 임의조사 방식으로 검사를 했는지 여부가 법적인 쟁점"이라고 말했다.

법조계에서는 관행적으로 진행됐던 검찰의 압수수색이 사회적 반발에 부딪혀 엄격한 잣대로 필요최소한의 범위에 국한된 것처럼 금감원의 현장 검사 역시 이같은 변화에 직면하게 됐다는 분석을 하고 있다.

*관련 기사: [현장 검사 나갔다가 소송당한 금감원] '강압 조사'냐 '검사 방해'냐

앞의 기사는 투자금을 불법으로 사용한 의혹을 받는 금융사 이숨투자자문이 되레 금융감독원을 고소한 황당한 사건이 벌어졌다는 취지로 작성되었습니다. 아래의 기사는 정반대 내용이죠. 금감원이 이숨투자자문을 강압 조사해 이 금융사가 금감원을 고소했다는 데 초점을 맞추고 있습니다. 이 언론사는 1면과 17면에 관련 기사를 담았는데, 신문이 나온 날 오전 검찰이 이숨투자자문을 압수수색한 일은 조금 보태는 정도에 그쳤습니다. 이 언론사는 석간이어서, 미리 준비된 기사를 약간만 손보고 그냥 내보냈던 모양입니다.

나는 그때 이 기사(다른 신문 기사)를 보며, 같은 기자의 심정으로 기사를 일단 보류하는 게 어땠을까 싶었습니다. 비록 1면에 실린 기사여서 대체 기사를 찾기가 어려웠을 수도 있고 손은 많이 갔겠지만, 결과적으로 정보 부족 가능성이 있다면 보다 신중한 게 좋지 않았나 싶습니다. 검찰의 압수수색으로 인해 금감원의 조사가 타당했다는 게 분명해진 셈이니까요.

당시 나는 검찰을 출입하고 있었어요. 그래서 이숨투자자문에

서 벌어진 사건과 관련 내용을 인지하게 됐습니다. 검찰에서 조만 간 압수수색을 할 것이란 것까지 취재가 된 상태였습니다. '금감원 직원의 강압 조사' 관련한 부분도 검찰 수사팀은 되레 이숨 측의 공무집행방해로 보고 있다는 사실 또한 파악해놓았습니다.

내가 쓴 기사가 나가자 이숨투자자문에서 임원이라는 모 남성 이 전화를 해왔더군요. 그는 "기사를 내리지 않으면 법적 대응하겠 다"고 위협했습니다. 직후에 '자문 변호사'라며 여성 변호사가 전 화를 걸어왔습니다. 1시간 가까이 통화를 했어요. 요는 이렇습니다.

"내가 판사를 하다가 여기에 자문을 맡고 있는데 세상엔 정말 황당한 일이 많다. 금감원의 조사는 불법이었다. 내가 고소하라고 했고 채증도 지휘했다. 검찰이 수사 중이라고 기사 써놨던데, 내가 명색이 판사 출신인데 검찰에 아는 사람이 없겠나. 금감원이 검찰 에 고발장을 냈으니 검찰이 갖고 있긴 한데 캐비닛 속에 들어 있다. 수사 중이긴 뭐가 수사 중이냐."

그렇다고 '검찰이 조만간 압수수색할 거예요'라고 알려줄 수도 없는 노릇이잖아요. 범죄 혐의를 받는 곳에 그처럼 중요한 수사 정 보를 줄 수는 없죠. 그래서 알았다고만 했습니다.

왜 다른 언론사에 이숨 측 시각의 기사가 나왔는지 단초가 보 이죠?

압수수색 당일 회사 경영진은 물론이고 내게 전화를 걸었던 그 남성 임원도 현장에서 체포됐어요. 이숨투자자문은 등록 취소됐고 관계자들은 실형을 살고 있죠. 금감원 고소 건이나 월급 가압류도 나중에 법원에서 이숨 측이 전부 패소했어요.

소개한 두 개의 기사의 차이는 이렇습니다. 하나는 서울중앙지검을 소스로 한 기사죠. 다른 건 이숨투자자문이 소스입니다.

한쪽은 검찰+금감원, 다른 쪽은 피의자. 물론 피의자 각도에서 다룬 기사도 의미를 가질 때가 있습니다. 나도 그런 기사도 제법 여러 건 썼지요. 그러나 기본적으로는 국가기관 쪽이 신뢰도 면에서는 우위를 점하는 경우가 많습니다. 이렇듯 검찰발 뉴스는 기자 입장에서는 '안전한 뉴스'이기도 합니다. 검찰발 뉴스가 많은 이유 중 하나입니다.

궁금한 이야기
검찰과 검찰 출입기자단

그럼 검찰을 소스로 한 기사는 안심하고 봐도 좋을까요? 여기에 생각해볼 문제가 있습니다. 우선 앞서 다뤘던 기자와 검사의 친분 문제입니다. 이들이 결탁해서 뭘 하려고 친해지는 건 아니에요. 내가 겪은 사례를 통해 한번 설명해볼게요.

공안(국가보안법이나 선거, 노동 문제를 다루는 분야입니다) 파트에 있는 검찰 간부 E와 간단히 점심식사를 한 적이 있습니다. 인사를 나누는 정도의 자리였죠. 후배 기자도 있었어요.

당시 이슈로 자연스럽게 대화가 흘러갔을 겁니다. 집회 강경 진압과 물대포에 의한 사망 사건 등이 주요 이슈였던 걸로 기억합니다. 이런 얘기가 나와 내가 좀 따진 적이 있어요.

"도대체 공안 검사들이 말하는 공공안전(공안)이란 게 뭡니까. '중무장한 반국가 단체'(북한)가 민가를 포격해도 찍소리도 못하다가, 그 반국가 단체를 '따르는 것 같다'는 이유로 비무장한 자국민에게 캡사이신·물대포 공격을 하잖아요. 바로 이런 게 비겁한 짓 아닌가요?"

E는 "그렇게 말하니 할 말이 없네요"라고만 했어요.

몇 주 후, 취재 때문에 E에게 전화할 일이 생겼어요. 아무 생각 없이 전화했는데 E가 이렇게 쏘아붙였어요.

"그때 나한테 그런 식으로 말해놓고 지금 뭘 물어봐요? 앞으로 내게 전화하지 마세요."

검사는 다른 기관에서 일하는 공직자와는 결이 좀 달라요. 기가 세서 그런 건지, 대접을 많이 받기 때문인지, 자기 기분이 상하면 미디어에 대해서 아주 적대적으로 대하는 검사가 제법 있습니다.

사정이 이러니 기자들이 검사들 눈치를 봅니다. 그들이 기삿거리가 될 수사 정보를 많이 갖고 있는데 내가 E에게 그랬듯 비위를 상하게 하면 아무것도 듣지 못하게 될 테니 말입니다.

박영흠 교수는 〈법조 뉴스 생산 관행 연구〉에서 다음과 같이 규정합니다.

¶ '정치의 사법화'가 심화된 한국 사회에서 법조는 정치가 담당해야 할

갈등 조정과 해결 기능을 대체하는 핵심 체계로 자리 잡고 있다. 특히 정치 권력의 효과적 통치 수단이자 그 자체로 권력화된 집단인 검찰은 한국 사회의 맥락에서 단순히 여러 출입처 가운데 하나라는 제한된 의미에 그치지 않는다.

검찰은 정치와 경제 등 거의 모든 사회 분야에 막대한 영향을 미치는 권력 기관이며, 기자는 엘리트 취재원인 검사와 극단적인 정보의 비대칭 관계에 놓이게 된다.

비대칭 구조란 결국 검사가 이른바 '갑', 기자가 '을'의 위치에 놓일 수밖에 없음을 뜻하는 말입니다.

이 때문에 검찰이 발표하는 수사 내용을 보도할 때나 검사와 대화할 때, 기자가 자기도 모르게 협조적인 태도가 됩니다. 검찰 구성원이 혹시 보도 방향이나 대화 태도에 대해 비판적이라고 느낀다거나 뭔가 못마땅해하면 앞으로 기자에게 '(미발표) 수사 정보'나 '수사 설명 정보'를 제공하지 않을 것이라고 본능적으로 걱정하게 되는 것입니다.

이 부분은 큰 문제라고 생각합니다. 앞서 살폈듯, 정치 권력은 검찰 수사를 통해 '물타기(즉 초점 흐리기)'를 많이 하고, 검찰 자체도 법적으로 강한 힘을 가진 권력기관입니다. 그런데 정작 검찰의 수사 내용을 감시·비판하는 게 제한적이라면, 검찰 권력과 그 배후의 정치 권력이 원하는 대로 뉴스를 끌고 갈 수 있다는 뜻이 되기 때문입니다.

기자로서 검찰과 어떻게 적절한 관계를 유지하느냐 하는 문제는 미디어의 과제이긴 합니다. 그러나 여러분이 검찰 기사를 볼 땐 몇 가지 시사점을 얻을 수 있을 겁니다. 우선 검찰발 뉴스에 나오는 사실관계의 신뢰도가 높은 편이란 건 확실합니다. 그러나 검찰이나 그 위의 정치 권력이 원하는 방향의 뉴스가 쉽게 나올 수 있는 구조인 것도 사실입니다. 그렇다면 왜 검찰이 어떤 사건을 수사하며, 그 사건의 정보를 언론에 적극 공개하는지 등을 유심히 살펴볼 필요가 있습니다.

즉 검찰발 뉴스엔 사실관계의 신뢰도는 있으나 그 사실관계가 왜 부각되고 있는지에 대해서는 면밀한 판단이 필요하다는 이야기입니다.

09 익명 뉴스 리터러시

여러분이 보는 기사에는 그 기사에 담긴 정보를 제공한 이들의 말이 인용되곤 합니다. '대통령이 이렇게 말했다', '교육부 장관의 발언이다' 같은 식으로 말이죠. 공인이 아니더라도 '의사 ○○○씨', '○○○변호사'처럼 실명으로 취재원이 등장하기도 합니다.

그러나 실명 인물이 등장하지 않는 뉴스도 많습니다. 취재원이 익명 처리된 보도입니다. 그냥 무슨 '관계자'가 등장해 핵심 정보를 제공하는 형태의 기사를 본 적이 있을 겁니다.

익명의 취재원이 기사에 가득하다면 일단 의심해봐야 한다는 주장도 있습니다. 누군지도 모르는, 정체를 알 수 없는 사람이 한 이야기라는 것이죠. 아주 원론적인 얘기인데, 현실적으로는 '글쎄'입니다. 세상을 바꾼 수많은 특종 보도가 익명의 취재원, 익명의 제보자를 인용한 것도 사실이니까요.

익명 보도와 워터게이트 사건

물론 해외 언론에 비해 국내 언론이 익명 취재원을 더 많이 인용한다는 지적은 계속 제기됩니다. 예를 들어 KBS 뉴스의 익명 취재원 인용은 전체 뉴스의 30%에 달하는데, 영국 BBC 뉴스는 13.2% 수준입니다. 두 방송사의 취재보도 가이드라인은 동일하게 '익명 취재원 이용을 최소화한다'는 내용을 담고 있는데 말입니다(오해정·김경모, 2021).

그러나 단순히 비교할 문제는 아닐 것입니다. 제보자를 색출해서 불이익을 주는 관행과 수준, 별 내용이 아닌데도 일반 시민이 인터뷰 후 익명을 요구하는 '샤이(shy)함'의 정도 등 사회·문화적인 차이가 있을 수 있기 때문입니다.

2021년 5월, KBS가 '질문하는 기자들Q'라는 미디어 비평 프로그램에서 '익명 뒤에 숨은 언론, 왜 취재원을 숨길까?'라는 문제를 다룬 적이 있습니다. 미디어의 익명 보도에 문제가 많다는 내용을 담았죠. 그런데 방송을 보면 초반부터 익명으로 나오는 '청와대 출입기자'와 '부처 출입기자'와의 인터뷰를 소개합니다. 익명 보도의 문제를 지적하는 기사를 익명 취재원을 인용해 쓴 것입니다.

이 상황을 설명하는 KBS 스크립트를 볼까요.

김솔희 아나운서: 취재원 익명 보도의 실태를 좀 살펴봤습니다. 그런데 좀 그래요. 이게 취재원 익명 보도의 문제를 짚어보려고 이야기하는데

우리도 익명으로 인터뷰를 해서, 이럴 수밖에 없었나요? 좀 모순적인데.

홍석우 기자: 저희가 신문윤리실천요강을 살펴봤습니다. 첫 번째 부당한 불이익이 예상될 때. 아까 등장하신 기자분이 또 불이익이 예상된다고 말씀하셨죠. 두 번째 공익할 때, 세 번째 제3자를 비방하거나 비난하지 않을 때. 이 세 가지에 다 충족이 된다고 생각이 되어서 부득이하게 익명 처리를 하였습니다.

김솔희 아나운서: 부득이 익명 처리를 할 수밖에 없었다고 이렇게 항변을 하시는데 예외로 허용될 만한 거 맞나요? 동의하세요, 교수님?

조수진 장신대 미디어트랙 교수: 공익 목적이나 취재원 보호, 이런 경우에는 어쩔 수 없는 상황이니까, 만약에 이것조차도 막는다면 국민의 알 권리가 박탈되는 것으로도 볼 수 있거든요. 그래서 허용 범위가 있는 거고요. 우리가 오늘 얘기하는 문제는 그런 인권 보호 차원을 넘어서는 문제들, 넘어서서 취재 편의를 위해서, 제작 관행에 따라서 하는 그런 것들이 문제가 되는 거죠.

익명 보도가 KBS의 전유물이 아닌 이상, 다른 미디어의 익명 보도에도 저마다의 이유가 있을 겁니다. 이런 맥락에서 인용한 KBS의 설명이 의문을 자아내는 것도 사실이지요. 물론 여러분은 다르게 판단할 수도 있을 겁니다.

익명 보도를 무조건 나쁘게 볼 일은 아닙니다. 오히려 권력에 대한 감시·비판을 할 때 유용한 수단이 되기도 하지요. 가장 유명한 사례는 미국의 '워터게이트' 보도일 겁니다.

1972년 6월, 미국 워터게이트 호텔에 위치한 민주당 사무실에 도청장치를 설치하려던 사람들이 경찰에 체포되면서 일이 시작됩니다. 처음엔 단순 절도 사건으로 알려졌지만, 공화당 소속으로 현직 대통령이자 재선을 노리던(결국 재선 성공) 리처드 닉슨이 이 사건의 배후에 있다는 사실이 밝혀지고, 정보기관에 사건을 덮으라고 지시하는 녹취 등의 존재가 알려지면서 결국 닉슨은 1974년 8월 대통령직을 사임하게 됩니다.

이 사건을 집요하게 파헤친 미디어가 《워싱턴포스트》였습니다. 밥 우드워드와 칼 번스타인 두 기자는 이 사건에만 매달려 기사를 작성했고, 《워싱턴포스트》와 기자들은 세무조사와 위협 등에 시달렸죠. 이들에겐 '딥 스로트(Deep Throat. 직역하면 '깊은 목구멍'이라는 뜻으로, 현재는 익명 제보자를 뜻하는 용어로 쓰입니다)'라 칭하던 익명의 취재원이 있었습니다. 이 익명 취재원은 두 기자에게 2년 넘게 중요한 단서들을 제공하면서, 보도가 계속 이어질 수 있게 도움을 줍니다. '딥 스로트'가 누군지는 30년 넘게 밝혀지지 않다가 2005년에야 정체가 드러났어요. 당시 FBI 부국장이던 마크 펠트였습니다.

워터게이트 사건 보도는 미국 대통령을 끌어내린 대특종이 됐습니다. 지금까지도 세계에서 가장 큰 특종 중 하나로 꼽힙니다. 중장기적인 탐사 보도가 이때부터 생기기 시작했고, 익명 보도도 이 사건 이후 확산했다는 게 미디어 업계의 정설입니다. 사실 한국 미디어사에 대특종으로 남을 최순실 게이트 관련 보도도 대부분 익명 취재원이 등장하는 뉴스였습니다.

워터게이트 보도를 보면 왜 핵심 취재원을 익명으로 보호했는지 잘 알 수 있습니다. 말 그대로 '보호' 목적이지요. 당시에《워싱턴포스트》가 '마크 펠트 FBI 부국장이 이렇게 말했다'고 기사를 썼으면 그가 무사할 수 있었을까요? 또 그의 정보 제공을 바탕으로 한 연속 보도가 이뤄질 수 있었을까요?

앞서 강조했지만 권력은 비판적인 뉴스를 달가워하지 않아요. 비판적인 뉴스가 나오고 그게 정확한 사실을 담고 있을수록 그 취재원을 알아내려 합니다. 나도 '딥 스로트'를 인용한 연속 보도를 한 적이 몇 번 있었는데, 그 때문에 한번은 검찰 특수부 수사까지 받았습니다. 수사의 초점은 '그 정보를 누구에게서 얻었느냐'는 데 맞춰졌죠. 그래도 취재원을 말하지 않고 완벽하게 보호했어요(그게 기자의 의무입니다).

기자가 아무리 보호해도 한계가 있을 때가 있고, 취재원들은 익명이어도 늘 위협을 받고 불안해합니다. 삼성을 함께 담당하던 선배 기자가 삼성 관련한 기사를 쓴 적이 있습니다. 비판적인 내용은 아니지만 삼성이 발표하지 않은 사업에 관한 내용을 알아내어 '삼성 고위관계자'를 인용해 기사로 썼죠.

삼성에서 색출 작업이 벌어졌습니다. 누군지도 금방 특정이 돼버렸어요. 그 정보를 아는 관련자가 그렇게 많지 않았거든요. 어떤 조직이나 기관에서는 수사권이 없어도 내부자를 색출할 때 사실상 수사에 준하는 방식으로 조사를 합니다. 이를테면 정보를 누설했다고 추정되는 몇몇 사람들을 불러 '당신들의 휴대폰 통화내역을 제출하라'고 하는 식입니다. 그런 요구를 받은 임직원이 "회사에서 무슨 권리로 내게 그런 걸 요구합니까"라고 따질 수 있을까요? 그러는 순간 "네가 범인이네"라고 할 것이고, 회사에 비협조적인 임직원이란 낙인까지 얻게 될 겁니다.

결국 그 선배 기자는 삼성 색출팀에 사정했습니다.

"그분 한 번 봐주세요. 기사로 쓸 줄 모르고 말한 건데 내가 썼어요. 내 잘못이니 좀 부탁드립니다…."

익명 기사의 본질은 이렇습니다. 혹자는 존재하지도 않는 사람을 '관계자'라며 기사를 쓰는 것 아니냐고 생각할 겁니다. 그러나 내가 아는 한, 그런 기자는 사실상 없습니다. 있어도 정말 드물 거고, 데스크 등 보고 라인을 거치면서 발각될 수밖에 없어요. 특히 중요한 기사의 취재원은 미디어 내부에서 지휘 라인에는 공유되는 경우가 대부분입니다. 보도에서는 익명 관계자로 나간다고 하더라도 그 기사를 쓴 기자뿐 아니라 데스크(부장)나 편집국장 등은 그게 누구인지 알고 있다는 것이죠.

익명 보도는 뭔가 미심쩍은 느낌을 줄 수도 있습니다. 그러나 대부분의 익명 보도는 취재원이 실존하며 그를 보호하기 위한 것입니다. 그래야 신변 위험 없이 비밀 정보를 독자들에게 말해줄 수 있을 거고, 자신을 드러낼 때보다 솔직하게 말을 할 수 있습니다.

익명과 실명의 차이

다음 기사를 먼저 볼까요.

국정원, 노무현 수사 내용 과장해 '공작' 의혹

국가정보원이 지난 2009년 노무현 전 대통령 수사 내용 일부를 과장해 언론에 흘렸다는 주장이 24일 제기됐다.

당시 검찰의 노 전 대통령 수사에 정통한 한 관계자는 경향신문과 만나 "권양숙 여사가 박연차 전 태광실업 회장으로부터 받은 명품시계를 논두렁에 버렸다는 언론 보도 등은 국정원 주도로 이뤄진 것"이라며 "검찰이 전직 대통령에 대한 수사 내용으로 '언론플레이'를 한 게 아니다"라고 말했다.

노 전 대통령은 박 전 회장으로부터 회갑 선물(시계)을 포함한 금품을 받은 혐의로 2009년 4월 30일 대검 중수부에 소환됐다. 다음달 일부 언론은 '권 여사가 선물로 받은 1억 원짜리 명품시계 두 개를 논두렁에 버렸다고 노 전 대통령이 검찰에서 진술했다'고 대대적으로 보도했다. 언론의 대서특필 후 열흘 만에 노 전 대통령은 스스로 목숨을 끊었다.

이 관계자는 노 전 대통령 조사 당시의 상황을 구체적으로 전했다. 그는 "(검찰이) 노 전 대통령에게 '시계는 어떻게 하셨습니까'라고 묻자 노 전 대통령이 '시계 문제가 불거진 뒤 (권 여사가) 바깥에 버렸다고 합디다'라고 답한 게 전부"라며 "논두렁 얘기는 나오지도 않았다. 그런데도 그런 식으로 (국정원이) 말을 만들어서 언론에 흘린 것"이라고 말했다. 그는 국정원 개입 근거에 대해서는 "(언론까지) 몇 단계를 거쳐 이뤄진 것으로 검찰은 파악하고 있다"며 "나중에 때가 되면 밝혀질 것"이라고 말했다.

당시 검찰 수사팀은 망신주기식 수사와 이에 따른 보도가 노 전 대통령의 죽음으로 연결됐다는 '책임론'이 제기돼 괴로워하고 있는 것으로 전해졌다. 당시 수사팀은 노 전 대통령 서거 후 사표를 내거나 좌천되는 등 검찰 내부에서도 논란의 대상이 됐다.

이 관계자가 '언론플레이' 장본인으로 지목한 국정원의 당시 수장은 원세훈 씨였다. 원 전 원장은 2012년 대선에서 직원들을 동원해 편파적인 댓글을 다는 방식으로 선거에 개입해 징역 3년을 선고받고 법정 구속됐다.

이 기사는 익명 취재원의 정보 제공을 토대로 작성돼 있습니다. 노무현 전 대통령 수사 당시의 상황을 전하며 '국정원이 논두렁 시계 언론 보도를 주도했다'는 취지의 내용입니다.

위의 뉴스를 다시 한번 자세히 읽어보세요. 그리고 다음 뉴스를 보겠습니다.

이인규 "국정원, 노무현 수사 내용 과장해 언론에 흘렸다"

노무현 전 대통령 수사를 지휘했던 이인규 전 대검찰청 중앙수사부장 (57·법무법인 '바른' 변호사·사진)이 "2009년 노 전 대통령 수사 내용 일부를 과장해 언론에 흘린 건 국가정보원"이라고 24일 밝혔다.

익명 뉴스 리터러시

이 전 부장은 경향신문과 만나 "권양숙 여사가 박연차 전 태광실업 회장으로부터 받은 명품시계를 논두렁에 버렸다는 언론 보도 등은 국정원 주도로 이뤄진 것"이라며 "검찰은 전직 대통령에 대한 수사 내용으로 '언론플레이'를 하지 않았다"고 말했다.

노 전 대통령은 박 전 회장으로부터 회갑 선물(시계)을 포함한 금품을 받은 혐의로 2009년 4월 30일 대검 중수부에 소환됐다. 다음달 일부 언론은 '권 여사가 선물로 받은 1억 원짜리 명품시계 두 개를 논두렁에 버렸다고 노 전 대통령이 검찰에서 진술했다'고 대대적으로 보도했다. 언론의 대서특필 후 열흘 만에 노 전 대통령은 스스로 목숨을 끊었다.

이 전 부장은 "(검찰이) 노 전 대통령에게 '시계는 어떻게 하셨습니까'라고 묻자 노 전 대통령이 '시계 문제가 불거진 뒤 (권 여사가) 바깥에 버렸다고 합디다'라고 답한 게 전부"라며 "논두렁 얘기는 나오지도 않았다. 그런데도 그런 식으로 (국정원이) 말을 만들어서 언론에 흘린 것"이라고 말했다. 그는 국정원 개입 근거에 대해서는 "(언론까지) 몇 단계를 거쳐 이뤄졌으며 나중에 때가 되면 밝힐 것"이라고 말했다.

이 전 부장은 당시 검찰의 망신주기식 수사와 이에 따른 보도가 노 전 대통령의 죽음으로 연결됐다는 '책임론'이 자신에게 집중돼 괴로웠다고 밝혔다.

그는 "그 사건을 맡은 것 자체가 내겐 불행이었다. 이후 내 진로도 틀어지고 가족들도 고통에 시달리고 있다"고 했다. 이 전 부장은 노 전 대통령이 서거한 뒤 사표를 냈다.

이 전 부장은 노 전 대통령의 비서실장 출신인 문재인 새정치민주연합

대표의 회고록《운명》의 일부 내용을 반박하기도 했다.

문 대표는 이 책에서 '이인규 중수부장이 대통령을 맞이하고 차를 한 잔 내놓았다. 그는 대단히 건방졌다. 말투는 공손했지만 태도엔 오만함과 거만함이 가득 묻어 있었다'고 중수부의 노 전 대통령 소환 장면을 묘사했다. 이 전 부장은 "공손한 말투로 어떻게 건방질 수가 있겠느냐"며 "사실은 책에 적힌 대로 공손하게 했지만 수사팀 자체에 대한 반감 탓에 문 대표가 그렇게 느낀 것 같다"고 밝혔다.

이 전 부장이 '언론플레이' 장본인으로 지목한 국정원 당시 수장은 원세훈 씨였다. 원 전 원장은 2012년 대선에서 직원들을 동원해 편파적인 댓글을 다는 방식으로 선거에 개입해 징역 3년을 선고받고 법정 구속됐다.

두 번째 기사는 2015년 2월 실제로 보도된 것입니다(첫 번째 기사는 두 번째 기사와 비교하기 위해 임의로 작성한 것으로, 실제로 보도된 것이 아닙니다). 어떤가요? 느낌이 좀 다른가요?

기사에서는 실명 보도였기 때문에 당연히 사진도 들어갔습니다. 자기 이름을 걸고 한 인터뷰 형태죠. '이인규'란 이름은 법조계에서, 또 일반인에게도 꽤 알려져 있습니다. 대검 중앙수사부(중수부)장을 지냈는데, 그가 중수부장이었을 당시 노무현 전 대통령 수사를 한 게 그의 이름값을 키운 가장 큰 계기였습니다.

'정통한 관계자'라고 할 때와 당시 수사 책임자인 '이인규'가 등장하는 것은 완전히 다른 느낌을 줍니다. 후자가 훨씬 가독성이 높

익명 뉴스 리터러시

고 재미있게 느껴지기도 합니다.

익명 보도와 실명 보도는 느낌도 다르지만 실제 뉴스의 효과도 좀 다릅니다. 익명 보도는 사건 자체에 주목하게 만드는 효과가 있어요. 취재원이 누군지 모르기 때문에, 독자는 '정통한 관계자라고 하니 사건을 잘 아는 사람이겠지', '노 전 대통령의 답변을 저처럼 구체적으로 알고 있는 걸 보니 사건을 잘 알긴 하나 보네' 정도의 생각을 합니다. 그러나 '정통한 관계자라지만 그 사람이 누군지 모르니 그의 말도 어디까지 믿어야 할지 모르겠다'는 의구심도 들게 하지요. 어쨌든 독자는 '국정원이 무슨 짓을 했다는 거지? 어디까지 사실인 거야?'란 부분에 상대적으로 집중하게 됩니다.

반면 실명 보도는 신뢰도를 높이는 아주 중요한 장점이 있지만 약점도 있어요. '이인규'라는 사람에 집중하게 되는 겁니다. 당시 수사팀을 지휘한 중수부장이 한 말이니 믿을 만하다고 생각하긴 해도, '국정원이 한 짓은 알겠는데, 그러는 당신은 그때 뭐 했어?'라든지, '이인규 이 사람 노 대통령을 죽음으로 몰고 간 당사자인데 지금 와서 변명하는 것 아냐?'라는 식의 반응이 나올 수 있죠. 즉 메시지의 신뢰도가 높아지는 대신 메신저에 눈길이 쏠리게 만듭니다.

실제 이인규 변호사는 이 기사 후 이래저래 곤욕을 겪었습니다. 그러나 기사가 나간 뒤 부인을 하지는 않았어요. "기사 쓸 줄 몰랐는데 왜 내보냈나. 그러나 나도 남자다. 내가 한 말이니 부정하지는 않겠다." 보도 직후 그는 이런 얘기를 했습니다. 그의 예상대로,

국정원은 진상 조사에 나섰고, 당시 야당이던 민주당을 중심으로 그를 국회로 불러야 한다는 움직임이 있었으며, 미국으로 잠시 떠나 있던 그를 언론이 찾아가 취재하는 등 이인규 씨로선 적잖이 시달렸습니다.

워터게이트 사건에서 《워싱턴포스트》가 마크 펠트를 실명으로 기사에 등장시켰다면 어떻게 됐을까요? 모르긴 몰라도 닉슨 입장에서는 방어하기 더 쉬웠을 것 같아요. 대통령직을 사임하지 않아도 됐을지도 모르죠. 마크 펠트의 신상에 미칠 위험 문제는 둘째 치더라도, FBI라는 미국 수사기관의 2인자가 미 대통령을 공격하는 인터뷰를 계속하면 사람들은 그의 정치적 의도에 더 주목했을 겁니다. 실제로 2005년 그의 정체가 공개됐을 때 미국 사회 일부에서는 '지금 보니 워터게이트 사건은 FBI의 쿠데타였다'는 반응도 나왔거든요. '메시지를 공격할 수 없으면 메신저를 공격하라'는 건 권력자들에겐 '전공 필수'와도 같은 격언입니다.

익명과 실명 보도는 이처럼 미묘한 차이가 있습니다. 중요한 건 익명이든 실명이든 그 제보 내용이 중요한 것이라면 그 내용에 먼저 주목하는 태도일 겁니다.

제보의 의도도 여러분이 한번 생각해볼 필요는 있습니다. 언론을 잘 아는, 즉 미디어 리터러시에 능한 권력자 등은 제보를 통해 미디어를 움직이는 방식으로 여론을 자신의 이익에 맞게 움직이려 하니까요.

'핵심관계자'와 '흑심관계자'

익명 뉴스엔 여러 표현의 관계자가 등장합니다. 그냥 '관계자'에서 '고위관계자', '핵심관계자', '정통한 관계자', '소식통', '한 인사'⋯. 여기에는 미디어 업계의 관행이 다소 있기는 합니다. 여러분이 알아두면 뉴스의 익명 취재원의 정체나 신뢰수준을 파악하는 데 참고할 만할 겁니다.

앞서 설명한 선배 기자의 삼성 기사는 '고위관계자'로 취재원을 표현했습니다. 기업에서 고위관계자는 대개 임원급 이상을 지칭합니다. 기업 임직원의 직급이 사원, 대리, 과장, 차장, 부장, 상무, 전무, 부사장, 사장 등이 있는데 상무 이상은 고위관계자라고 표기하는 식입니다. 임원은 자신의 업무 분야에서 의사 결정권자 역할을 맡고 있는 경우가 많아, 그를 취재하면 신뢰도 높은 뉴스를 만들 수 있거든요.

'핵심관계자'는 임원은 아니지만 중간 간부급으로, 해당 업무 라인에 있거나 누가 봐도 그 내용을 잘 알고 있다고 판단되는 사람입니다. '관계자'와 '한 인사', '정통한 관계자'와 '소식통'은 서로 비슷한 뜻이라 봐도 무방합니다. 내부 인사와, 외부에 있지만 잘 아는 위치의 사람 정도의 차이라고 참고하면 될 듯합니다.

사실 이런 표기 관행 때문에, 앞서 소개한 취재원 색출 사례에서 삼성 측이 쉽고 빠르게 익명 취재원을 특정할 수 있었어요. '직원'들은 다 제외하고 임원만 조사했다고 합니다. 이 광경을 옆에서 본 나로선 기겁할 노릇이었어요. 그래서 삼성 사람들에게 선언했습니다.

"나는 앞으로 삼성 기사에서 익명 취재원을 '고위관계자', '핵심관계자', '정통한 관계자' 세 가지를 무작위로 순환 사용하겠다."

삼성 사람들은 "관행에서 벗어나는 것"이라고 했지만, 나는 실제로 그렇게 무작위로 표기했고, 결국 취재원을 한 명도 들키지 않았어요.

청와대는 수석비서관 이상은 고위관계자, 비서관은 핵심관계자, 행정관 등은 그냥 관계자로 쓰는 관행이 있습니다. 정당에서는 당3역(원내대표, 사무총장, 정책위의장)급 이상의 직책에만 '핵심당직자'란 말을 쓰고 나머지 당직자는 그냥 '당직자'라고 씁니다.

청와대나 정당 등 정치권에서는 관행이 아니라 관련자들이 파기할 수 없는 규칙에 가깝다 보니 사실 취재원을 특정할 수 있는 뉴스가 많습니다. 관계자들은 통상적인 뉴스는 보기만 해도 어디서 흘러나온 이야기인지 대충은 알 수 있죠.

청와대에선 예를 들어 홍보수석이 카메라 앞에서 브리핑을 하는 건 실명 뉴스가 되고, 카메라가 멈추고 회견장 한쪽에서 추가 설명('백 브리핑'이라 합니다)을 할 때 나오는 말은 전부 '청와대 고위관계자'로 익명 처리합니다. 이건 기자들만의 관행이 아니라, 청와대와 합의된 사항입니다. 실명 뉴스로 내보내면 청와대는 '백 브리핑을 실명으로 내보내는 게 어딨냐'고 항의합니다.

국회를 출입할 때 '핵심당직자'발로 기사를 쓴 적이 있어요. '오세훈 영입' 기사였습니다. 정치권을 떠나 있던 오세훈 전 의원을 서울시장 후보로 경선에 참여시키겠다는 보수 야당의 방침을 쓴 단독 기사였어요. 실제 그 선거에서 오세훈 씨가 영입됐고 서울시장이 됐죠.

그런데 이 취재원은 정치권에서는 특정이 될 수밖에 없습니다. 당3역 이상 중 선거 후보자 영입에 관련된 사람은 당 대표와 사무총장뿐이니까요. 두 사람 정도(정치를 잘 아는 사람이라면, 실제로는 한 사람으로 압축합니다)만 확인하면 알 수 있는 사안이죠. 당 외부에서 새로운 후보를 영입하겠다는 계획이었으니 다른 당내 후보들이 반발했고, 당에서 확인을 했던 모양입니다. 당 대변인은 이렇게 브리핑했습니다.

"확인해봤는데 보도 내용은 사실이 아니다. 그런 '핵심당직자'가 있다면, 그는 '흑심당직자'일 것이다."

나에게 말해준 핵심당직자가 당의 조사 땐 '나는 그런 말을 한 적이 없다'고 발뺌한 것이죠. '치고 빠지기'입니다. 어쨌든 그의 입장에선 오세훈 영입만 진행되면 그만이니까요. 익명으로 나간 발언은 책임성이 떨어지기 때문에, 이렇게 나중에 그런 말을 한 적이 없다고 뒤집기도 합니다. 하지만 보도의 전후맥락을 잘 살핀다면 진실을 파악할 수 있을 겁니다.

10 여론조사 뉴스 리터러시

우리나라에서는 5년마다 대선, 4년마다 지방선거가 있으며, 또 4년 주기로 국회의원 총선거도 치러집니다. 그때마다 단골로 등장하는 게 여론조사 뉴스입니다. 여기서는 여론조사 뉴스의 특성과 주의할 점 등을 별도로 다뤄보기로 합니다.

여론조사 뉴스에 당하지 않으려면

① 정확성? 여론조사는 참고용일 뿐이다

여론조사는 통계학적 기법을 동원한 사회과학적인 분석이어서 똑 맞아떨어지는 것처럼 느껴집니다. 미디어도 여론조사를 많이 인용해 뉴스를 만듭니다. 얼마 후 제20대 대통령 선거가 있으니 여론조사 뉴스는 더 늘어날 것입니다. 여러분이 기자여도 숫자로 딱 나오는 여론조사 결과를 뉴스로 만들지 않겠어요?

그러나 여론조사에 한계가 많다는 사실은 잘 알려져 있지 않습니다. 숫자가 정확해 보일지라도 그걸 그대로 믿으면 안 되는 이유들이 있습니다.

2017년 2월, 여론조사기관 리얼미터에서 여론조사를 실시했습니다. 질문은 '지난 2012년 대선에서 당신은 누구에게 투표했습니까'였어요. 결과가 아주 재미있습니다.

문재인 후보를 찍었다는 사람은 44.6%. 여기까진 그럴 수 있죠. 실제로 문재인 후보는 48.02%를 얻었으니 큰 차이는 아닙니다. 그런데 박근혜 후보를 찍었다는 사람은 37.3%에 불과했어요.

2012년 대선 득표율은 이미 수치로 나와 있잖아요. 박근혜 당시 후보는 51.6%를 득표해 대통령에 당선됐습니다. 50% 넘게 득표한 박근혜를 찍었다는 사람이 왜 40%도 되지 않는 수치로 나타났을까요?

이 결과만 봐도 여론조사가 정확하지 않음을 잘 보여줍니다. 이미 정해진 수치를 조사해도 전혀 엉뚱하게 나온 것이니까요. 이유야 짐작할 수 있습니다. 2017년 2월이면, 박근혜 당시 대통령에 대한 탄핵소추안이 국회를 통과해 헌법재판소 판결을 기다리던 때였습니다. 박 대통령 인기가 바닥 아니라 지하실까지 간 상태였죠. '나 박근혜 찍었어'라고 답하기도 싫거나 부끄러운 사람이 많아졌을 겁니다. 어쨌든 여론조사 숫자를 그대로 믿어서는 안 되는 수많은 상황이 있다는 걸 이 조사가 잘 보여줍니다.

여론조사가 정확하다고 말하는 사람은 생각보다 많지 않습니다. 전문가들도 "여론조사의 정확성은 신화에 불과하다(신창운, 2017)"고 단언합니다. 결론부터 말하면, 숫자 자체를 맹신할 게 아니라 추세를 살피거나 분위기를 파악하는 참고자료로만 사용하는 게 좋습니다.

② 오차범위부터 확인하라

여론조사 뉴스를 볼 때 꼭 알아야 할 용어가 있어요. 신뢰수준과 표본오차란 단어입니다. 여론조사 뉴스 안에는 늘 '95% 신뢰수준에 표본오차 ±3.1%p(퍼센트포인트)' 식의 표기가 따릅니다. 이 말은 같은 조사를 100번 하면 95번은 조사결과 수치의 ±3.1%p 범위 내 결과가 나온다는 의미입니다.

이 중 뉴스 리터러시에서 더 중요한 건 '오차범위'라 불리는 표본오차 개념입니다. 예를 들어 어떤 여론조사기관에서 차기 대통령으로 누구를 지지하는지 조사한 결과 이재명 경기지사 지지율이 95% 신뢰수준에 표본오차 ±3.1%p로 25.1%라고 하면, 이 지사 지지율은 해당 기관 조사기법상으론 최소 22%, 최대 28.2%란 뜻입니다. 즉 '이 지사 지지율은 22~28.2% 사이인데 정확한 값은 모르겠다'는 의미입니다.

만약 윤석열 전 검찰총장의 지지율이 30.1%로 조사됐다고 가정하면, 수치상으론 30.1% 대 25.1%로 보이지만, 두 사람 지지율은

오차범위 내에 있는 겁니다. 윤 전 총장 지지율은 27~33.2% 사이
인데 정확한 값을 특정할 수는 없는 상황인 거죠. 누가 앞서고 있다
고 말하면 틀린 말이 됩니다.

요즘엔 미디어도 여론조사 개념을 다소 조심스럽게 다루고 있
어요. 예전엔 이 경우 윤 전 총장이 5%p 앞선다고 그냥 기사를 써
버렸죠. 요즘은 '오차범위 내 접전'이라는 말을 많이 씁니다. 여러
분도 오차범위의 두 배를 계산해보고(±3.1%p면 6.2%p), 격차가 이
숫자를 벗어나는지 꼭 살펴야 합니다. '오차범위 내 우세'란 말은
미디어가 흥미와 정보를 더하려고 다소 무리해서라도 사용하는 말
이지만, 실제로는 '오차범위 내여서 우열을 특정할 수 없다'고 받아
들이면 좋습니다.

③ 총선 여론조사는 더 부정확하다

대선보다는 국회의원 총선거 여론조사 뉴스가 상대적으로 부정확
합니다. 소선구제인 우리나라 총선 특성상 지역별로 너무도 많은
초접전이 벌어져 여론조사로 이를 정확하게 파악하기가 쉽지 않아
요. 또 해당 지역 주민에게 여론조사를 해야 하니, 휴대폰을 사용하
지 못하고 집 전화로 조사해야 하는 등 실질적인 한계도 있습니다.

여론조사 뉴스를 보다 보면 어떤 대세에 휩쓸리는 효과, 즉 '밴
드왜건 효과'가 발생할 수 있어요. 사실 마음이 가는 후보는 따로
있는데, 뭔가 1위나 2위만 찍어야 할 것 같은 생각이 드는 것이죠.
여론조사의 기본적인 속성을 파악하지 못하고 관련 뉴스를 보면

좋은 참고자료가 아니라, 나도 모르게 때로는 틀린 뉴스에 따라 여론에 휩쓸릴지도 모를 일이니 주의해야 합니다.

실전 리터러시
여론 그래프에도 함정이 있다

다음 그래프(표4)를 보면 어떤가요? 이 그래프는 한 신문이 2011년 9월 28일자 지면에 사용한 것입니다.

이 그래프는 여론조사 업계에서는 워낙 유명해 '잘못된 사례'로 단골로 등장하기도 하는 내용입니다. 그래프를 언뜻 보면 1, 2위 후보의 지지율 격차가 좁혀지는 것 같은 느낌을 줍니다. 그러나 자세히 보면 영 엉뚱한 내용이죠.

4개의 여론조사 결과를 그래프로 연결해놓았는데, 잘 보면 서로 다른 4개의 여론조사기관의 조사란 걸 알 수 있어요. 각자 조사한 표본집단이 다르기 때문에 사실 이렇게 하면 '반칙'입니다. 연결하면 안 될 선을 연결한 것이죠. 정확한 지지율 추이를 보려면 조사기관 한 곳의 시기별 데이터를 비교·분석해야 옳습니다.

날짜도 한번 보세요. 첫 번째와 두 번째 조사 날짜가 서로 같고, 세 번째와 네 번째 조사 날짜도 서로 같습니다. 미디어가 임의로 다른 날짜처럼 분리해놓은 겁니다. 이런 식이면 세 번째와 네 번째 수치 순서를 바꿔도 되겠죠? 그러면 격차가 벌어지는 것처럼 그릴 수

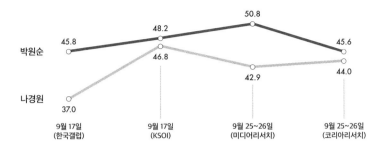

[표4] 모 일간지가 2011년 10·26 서울시장 보궐선거를 앞두고 9월 보도한 여론조사 그래픽
(단위: %)

도 있잖아요.

이 뉴스의 그래프는 단순 실수일 수도 있지만, 앞서 설명한 미디어 편집 과정의 검증 구조를 감안하면 해당 미디어가 어떤 의도가 있던 건 아닌지 의심을 살 수 있습니다. 여론조사 결과를 교묘하게 편집해 2위 후보의 편을 드는 것처럼 오해받을 만한 그래프입니다.

물론 예전 일이고, 요즘은 이렇게까지 보도하지는 않는 것 같아요. 여론조사 뉴스에 대한 인식이 달라지고 사람들의 지식도 많이 쌓여서 당장 문제제기가 나올 테니까요.

다만 뉴스 수용자 입장에서는 이런 부분까지 꼼꼼하게 챙기지 않으면 민주주의의 근간인 선거에 부당한 영향을 받을 수 있다는 점을 유의할 필요가 있습니다.

뉴스 그래픽을 하나 더 볼까요.

다음 화면은 2012년 10월 27일 방송 뉴스의 한 장면입니다. 뉴스는 "한 여론조사 기관이 지난 18일 발표한 박근혜와 문재인, 박

모 방송사가 여론조사 내용을 전달한 뉴스에 나온 그래픽(자료: 해당 방송사 뉴스 캡처)

근혜와 안철수 후보 간 양자 대결 지지도입니다. 각각 7%p, 1%p 차이로 나타났습니다. 그러나 다음날 발표된 다른 여론조사에선 박근혜 45% 대 문재인 46%, 박근혜 43% 대 안철수 48%로 나왔습니다"라는 설명을 덧붙였습니다. "들쑥날쑥한 여론조사 결과가 유권자를 혼란스럽게 만든다"는 내용이었죠.

물론 영 없는 내용을 뉴스로 만든 건 아니지만, 여론조사의 특성상 조사기관이 다르면 당연히 결과가 다르게 나오지 않겠어요? 여론조사가 들쑥날쑥하다고 핀잔할 사안이 아니라는 겁니다. 기본적으로 여론조사를 보도할 때는 서로 다른 조사기관의 결과를 비교할 게 아니라 각 조사기관별 추이를 보여주는 것이 맞습니다.

뉴스 내용상 오류도 있어요. 박근혜 대 안철수 가상대결 결과는 두 조사기관 모두에서 '오차범위 내 접전'이란 동일한 결과가 나왔

여론조사 뉴스 리터러시

는데, 마치 조사마다 들쭉날쭉한 다른 내용이 나오는 것처럼 보도했다는 지적이 나옵니다.

여론조사 보도를 볼 때 이런 구체적인 내용을 꼼꼼히 살피는 게 중요합니다. 그리고 무조건 맹신하는 건 피해야 합니다.

여론조사기관 리얼미터의 이택수 대표는 강조합니다.

> ¶　여론조사는 스냅사진이자 풍향계로서, 특정 시기, 특정 기관이 수행한 여론조사가 절대적인 의미를 갖지 못한다. 그러므로 표집오차범위 내에서 혹은 비표집오차까지 포함하는 범위까지, 여론조사 결과는 상이하게 나타날 수 있다는 점을 인식하고, 스스로 갖고 있던 과도한 의미부여와 기대의 거품을 제거해야 한다.

여론조사, 조작 가능할까

여러분은 주변에서 "이번 여론조사는 조작이야!"라고 말하는 걸 들어본 적이 있을 겁니다. 여론조사, 정말 조작 가능할까요?

여기서 조작이란 숫자를 마음대로 바꿔버리는 식의 '막가파' 조작을 뜻하진 않습니다. 교묘하게 어떤 결과를 유도하거나 도출해낼 수 있을까의 문제인데, 답부터 말하면 '조작할 수 있다'입니다. 누가 어떻게 언제 어디서 하느냐 등에 따라 여론조사 결과는 다 달라질 수 있기 때문입니다.

아주 흔한 사례부터 얘기해보죠. 여러분이 여론조사 전화를 받았어요. "이 조사는《경향신문》이 리얼미터에 의뢰해…"라고 말하는 조사가 있을 수 있고, "이 조사는《조선일보》가 한국갤럽에 의뢰해…'란 전화가 있어요. 미디어가 등장하면, 자신이 긍정적으로 생각하는 미디어일수록 더 성실하게 조사에 임하는 경향이 있다고 전문가들은 말합니다. 즉《경향신문》조사에서는《경향신문》을 좋아하는 진보 성향의 응답자가 많아져 진보정당의 후보가 더 많은 지지율을 얻은 듯한 여론조사 결과가 나오는 식입니다.

가장 논란이 되는 것은 질문 문항입니다. 아주 흔한 예로, "당신은 정치인 누구를 대통령으로 선호하십니까"란 질문과 "당신이 생각하기에 대한민국 대통령감으로 누가 적절하다고 생각하십니까"란 질문에 대한 답은 달라질 수 있습니다. 사람들은 같은 걸 묻는 조사라고 생각하곤 하지만, '선호도'와 '적합도' 간의 차이는 분명 존재합니다.

당내 경선이나 후보 단일화 과정에서, 후보들끼리 가장 많이 다투는 것도 질문 문항 내용과 관련해서입니다. 만약 결과가 달라지지 않는다면 서로 싸울 이유가 없겠죠? 문항과 문구를 어떻게 하느냐에 따라서 결과가 달라질 수 있기에 서로 양보하지 않고 싸우는 것입니다.

답변 구성을 통해서도 결과를 바꿀 수 있어요. 이를테면 '잘하고 있다'와 '못하고 있다', '모름·응답거절'만 있는 것과, 이 세 가지에 더해 '어느 쪽도 아니다'를 넣을 때도 수치가 달라져요. 과거 박근혜 대통령 탄핵 국면에서 어떤 조사는 지지율이 4~5%까지 떨어졌지만 10% 안팎까지 나온 조사도 있어요. '어느 쪽도 아니다'가 5% 정도 됐기 때문입니다.

이 외에도 주말이냐 주중이냐, 낮 시간대냐 저녁 시간대냐, 휴대폰이냐 집 전화냐, 인터뷰 방식이냐 ARS 방식이냐 등에 따라 여론조사 결과는 달라질 수 있습니다. 이런 수많은 변수를 적절히 활용한다면 여론조사를 실행하는 쪽이 원하는 방향의 결과를 최대한 얻어낼 수 있다는 점을 알아둘 필요가 있습니다.

계속 말하지만, 여론조사 뉴스는 참고자료로만 활용하면 좋습니다. 조사 자체가 틀릴 때도 많고, 뉴스에 해석상의 오류가 포함되기도 하며, 심지어 결과의 방향성을 '마사지'할 수도 있기 때문입니다.

11 인터넷 뉴스 리터러시

2021년 6월 《조선일보》의 한 기사가 논란을 일으켰습니다. 〈[세상만사] "먼저 씻으세요" 성매매 유인해 지갑 털어〉란 뉴스였는데 《조선일보》의 대구 주재기자가 쓴 기사였어요. 제목에 나와 있듯이, 어떤 여성이 성매매를 하는 척하다가 고객 지갑에서 돈을 꺼내어 도망가는 수법을 쓰다 잡혀 재판을 받았다는 내용입니다.

문제는 이 기사에 들어간 삽화였어요. 이 삽화는 예전 기사(2021년 2월)에 썼던 삽화를 '재활용'한 것인데, 원래는 조국 부녀를 주제로 한 칼럼에 들어갔던 것입니다. 그러니까 조국 부녀를 그린 삽화를 성매매 여성과 남성이 통화하는 장면을 보여주는 데 사용한 것이지요.

당연히 조국 전 장관이 반발했죠. 그런 기사에 자기 부녀를 그린 삽화를 쓴 저의가 뭐냐고 격하게 따졌습니다. 《조선일보》는 해당 삽화를 다른 것으로 교체했지만 초기엔 별다른 설명을 내놓지 않았습니다. 다른 미디어뿐 아니라 인터넷 독자들도 '너무했다'며 《조선일보》, 특히 해당 기사를 쓴 기자를 맹비난했어요.

언론계 종사자라면, 그리고 뉴스의 제작 과정을 아는 이라면 이게 일종의 해프닝이란 걸 짐작할 수 있어요. 과정 자체는 그렇다는 뜻입니다. 그러나 결과적으로는 논란이 눈덩이처럼 커지면서 사태가 생각보다 심각해진 것입니다.

신문을 포함해 주요 언론이 만드는 기사의 제작 원리를 조금 알 필요가 있어요. 그래야 인터넷에 나오는 기사도 구체적인 부분까지 이해할 수 있으니까요.

지면용, 온라인용, 닷컴용 기사
디지털 시대의 진풍경

스마트폰 환경에서 '요즘 누가 신문을 보냐'라고 생각할 수도 있겠습니다. 그러나 신문은 비유하자면 항공모함과 같습니다. 거기에서 뉴스라는 개별적인 전투기가 포털이며 홈페이지, SNS로 출격하는 것이죠. 항공모함의 작동 원리, 그곳에서 전투기가 몇 분 만에 몇 대가 어떤 무장을 달고 출격하는지를 알면, 왜 공격 지점에 몇 대가 몇 시에 나타났는지, 왜 특정 무기를 사용했는지 알 수 있을 겁니다.

앞의 성매매 관련 기사는 2021년 6월 21일자《조선일보》12면에도 들어간 기사입니다. 여기엔 '조국 삽화'가 없어요. 즉 그림 없이 기사만 짧게 들어간 거죠. 그러나 인터넷 기사에는 삽화가 있습니다. 나는 처음 이 논란을 듣고는《조선일보》의 온라인 관련 팀에서 자기들 딴에는 온라인 공간에 띄울 기사를 더 멋지게 만들어보겠다고 삽화를 얹어서 전송한 것이라고 짐작했습니다. 기사를 쓴 기자가 새벽에 출근해서 그런 작업을 하는 경우는 잘 없으니까요. 나중에《조선일보》해명을 보니 해당 기자가 오전 6시 27분에 인터넷 기사에 삽화를 직접 추가했더군요.

어쨌든 온라인 관련 팀이 했든, 기자가 직접 했든, 인터넷용 기사에 이미지를 넣으려 할 때는《조선일보》가 사용할 수 있는 내부 DB에서 적당한 그래픽 자료를 찾습니다. 예전에 사용했거나 만들어놓고 쓰지 않은 사진이나 삽화 같은 걸 말이죠. 대개 온라인 기사를 꾸미기 위해 그래픽을 새로 만들진 않거든요.

이 기자는 여성과 남성이 나오는 삽화를 무심코 사용했다고 합니다. 조국 부녀의 삽화인 줄 모르고 사용한 것입니다. 아주 솔직하게 말하자면, 요즘 흔히 일어나는 일입니다. 그리고 한참 몰랐을 거예요. 그러다가 나중에 댓글도 험악하게 달리고 다른 미디어가 기사화까지 하니 뒤늦게 조국 삽화란 걸 알았을 거고, 부랴부랴 삽화를 다른 걸로 교체했을 겁니다.

신문에 나간 기사는 아무 문제가 없었지만, 온라인용 기사를 별도로 다루는 과정에서 실수가 나온 겁니다. 이런 실수는 기자 개인

뿐 아니라《조선일보》의 신뢰도를 떨어뜨리고, 더 나아가 '의도'까지 의심받게 만들어요. 나중에《조선일보》가 한 개 면을 전부 써서 해명하고 사과하는 일까지 벌어졌으니 이 기자는 사내 징계감입니다.

그러나 이를 기자 개인의 문제로만 봐서는 안 됩니다. 본질적으론 미디어가 디지털 시대에서 좌충우돌하며 벌어진 촌극입니다. 따지고 보면 이 해프닝도 온라인용 기사를 신경 써서 꾸며보려다가 벌어진 것이니까요. 온라인 독자는 이미지 자료를 좋아하는 경향이 있습니다. 사진이나 삽화가 있는 기사를 텍스트만 있는 기사보다 더 좋아해요. 네이버 같은 포털도 사진이나 삽화가 들어간 기사를 더 비중 있게 배치합니다.

미디어도 이걸 잘 알고 있습니다. 그래서 신문 지면엔 텍스트만 들어간 기사도 인터넷에 올릴 땐 일부러 이미지를 추가해 전송하는 것입니다.

그런데 이 과정이 촘촘하지 않다는 게 문제입니다. 주요 언론은 수백 명의 기자와 수십 명의 데스크가 대규모 취재진을 구성하며, 10단계 이상의 기사 검증 시스템을 갖추고 있다고 했습니다. 그런데 주요 언론이 '온라인용'으로 생산하는 기사는 그렇지 않습니다. 이게 디지털 시대 주요 미디어가 노출하고 있는 심각한 취약점 중 하나입니다.

앞선 사례를 보면, 기사의 텍스트 자체는 10여 단계의 검증을 거쳤으므로 여느 지면 기사처럼 완벽했습니다. 그러나 삽화를 얹는 과정은 단 1개의 단계를 거칠 뿐입니다. 기자 한 명이 판단하고 골라 넣은 거예요. 이러면 인력과 검증 시스템이 부족한 신생 인터넷 미디어가 자주 하는 실수를 주요 미디어도 똑같이 할 수밖에 없습니다.

이미지를 추가하는 문제뿐만이 아니라 뉴스의 근본적인 부분도 이런 취약점을 안고 있습니다. 여러분이 네이버 같은 온라인 공간에서 보는 뉴스는 똑같은 미디어가 만들어도 사실은 크게 세 가지 정도의 다른 종류로 구분될 수 있습니다. 편집 구조상 말입니다.

첫째는 신문(방송)에 나가는 뉴스가 그대로 온라인에 전송되는 경우입니다. 여기엔 큰 문제는 없겠죠. 그런데 다음 두 가지는 다릅니다. 둘째 유형으로 기자가 '온라인용'으로 만들어 실시간으로 전송하는 뉴스가 있어요. '디지털 퍼스트'란 명목으로 주요 미디어들이 이렇게 기자가 곧바로 자사 홈페이지와 네이버 등에 뉴스를 전송할 수 있는 시스템을 구축해놓은 상태거든요(6~7년 전만 해도 이런 시스템이 없었습니다). 셋째, 언론사 닷컴의 별도 상근 인력이 전송하는 기사입니다. 닷컴용 기사를 전담하기 때문에 출입처 없이 속보 처리해야 할 내용을 종합적으로 온라인에 전송하는 역할을 합니다. 현장의 기자들이 전송한 뉴스를 좀 더 가독성 있게 꾸미는 역할도 하고요.

둘째와 셋째 경우는 10단계가 아닌, 1~2단계의 검증밖에 거치지 않습니다. '실시간'을 특성으로 삼는 디지털 뉴스 시장에 대응하기 위해 만든 시스템이어서 '속도'에 무게를 두기 때문입니다. 이런 뉴스는 일단 해당 미디어가 (그래픽 등도 판단 대상에 포함한다면) 신문에 들어갈 만한 '주요기사'로 채택하지 않은 것이어서 뉴스 가치가 보장되지 않습니다. 기자 한 명의 판단에 의존한 기사인 거죠. 또 기사 내용이 상대적으로 부실할 뿐 아니라 심지어 오타도 그대로 전송돼, 기사 쓰고 교정도 안 본다며 욕을 먹는 경우도 있어요. 물론 기자의 능숙도에 따라, 둘째와 셋째 경우의 기사도 아주 뛰어난 완성도를 보일 때도 있습니다만, 대체로는 구조상 취약할 수밖에 없다는 뜻입니다.

개인적으론 이런 속도 위주의 디지털 대응을 우려하는 쪽입니다. 미디어가 기존의 장점, 즉 촘촘한 검증과 그에 따른 신뢰도 등을 스스로 포기하는 방식이며, 따라서 검증 단계가 취약한 신생 매체와의 차별점을 스스로 없애는 방향이라고 생각하기 때문입니다. 어쨌든 여러분은 주요 미디어의 뉴스라 하더라도, 온라인 기사 중 일부는 촘촘한 검증을 거친 게 아니란 걸 알 필요가 있습니다.

최근에는 《중앙일보》와 《경향신문》 등을 필두로 주요 미디어에서 '디지털 퍼스트' 시스템을 새롭게 정비하기 시작했습니다. 온라인용 기사라 하더라도 검증 단계를 늘릴 수 있는 보완책을 마련 중이라고 합니다. 이 부분은 반드시 필요한 보완 작업이라고 볼 수 있습니다.

기사전송 시간과 바이라인

그러면 위 세 가지 유형의 뉴스를 어떻게 구분할 수 있을까요? 물론 뉴스의 내용만 봐도 어느 정도 짐작할 수 있는 경우도 있습니다. 그러나 여러분이 잘 안 보고 지나가는 정보 속에 답이 있는 경우가 많습니다.

먼저 뉴스가 전송된 시간입니다. 네이버의 뉴스를 살펴볼까요. 앞에서 《조선일보》의 조국 삽화 사건을 소개했으니 관련 기사를 살펴봅시다. 이 기사 제목 밑을 보면 기사전송 관련한 간단한 정보가 나옵니다. 'A12면 1단'은 《조선일보》 A12면에 게재된 기사란 뜻입니다. 기사입력 시간이 6월 21일 오전 5:01로 돼 있죠? 《경향신문》 기사를 보면 지면 정보는 없고 기사입력이 6월 23일 오전 11:10으로 돼 있습니다. 이 시각만 봐도 각각 다른 형태의 기사란 걸 알 수 있어요. 답을 말하자면 《조선일보》 기사는 세 가지 유형 중 지면에 들어간 첫째 유형의 기사이고, 《경향신문》 기사는 현장 기자가 온라인용으로 빠르게 전송한 둘째 유형의 기사입니다.

어떻게 그걸 아느냐고요? 신문사의 마감 시간을 기초로 계산해 보면 알 수 있습니다. 보통 신문사는 오후 4~5시 정도에 1차 마감을 합니다. 기사를 써서 보낸다는 뜻입니다. 1부에서 설명한 대로, 데스크 등이 이 기사를 수정하고 보강 지시도 합니다. 이 얘기를 바꿔보면, 오후 5~6시 정도엔 미디어 내부에서는 일차적으로 완성된

문제가 돼 삽화를 교체한 《조선일보》 뉴스. 제목 밑에 기사입력 정보가 상세하게 보인다.
(자료: 《조선일보》 인터넷판 캡처)

《조선일보》의 삽화 사건을 속보로 만든 《경향신문》 기사. 오전 11시대에 올린 온라인 전용 기사란 점을 알 수 있다. (자료: 《경향신문》 인터넷판 캡처)

기사들이 수백 개가 생기겠죠?

앞에서 설명했듯 이 기사들로 신문 지면을 잠정적으로 한 번 만들어봅니다. 종합일간지 대부분은 PDF파일 형태로, 종합지 중《서울신문》같은 일부 매체와 대부분의 경제신문은 실제 종이신문 형태로 만듭니다. 이 '가판'에 실린 기사는 온라인용으로 배포됩니다. 즉 경제지를 중심으로 오후 4~6시쯤 지면에 실리는 기사가 쏟아지는 거죠. 보통 경제지는 주력 기사를 이때 자사 홈페이지와 네이버 등에 전송해요.

종합지는 아직 신문으로 찍지 않고 문서 파일 형태로 있으므로 특정 유료 서비스 독자 외 일반 독자에겐 아직 기사가 공개되지 않은 상태입니다. 물론 이 기사 중 일부는 온라인 클릭용 등 전략적으로 오후 5~6시에 내보내기도 해요. 중요한 건 두 번째 판부터가 진짜 찍어내는 신문이란 겁니다. 오후 9~10시경입니다. 이 시간대에 종합지 기사들이 대거 네이버 등에 전송이 돼요.

마지막으로 자사의 단독·특종인 뉴스 등은 일부러 다음날 배달과 동시에, 이를테면 오전 3~6시 정도에 전송되도록 조치합니다.

즉 신문에 실리는 뉴스는 크게 세 시간대에 집중적으로 전송이 됩니다. 오후 4~6시(경제지+종합지 일부), 오후 9~11시(종합지), 오전 3~6시(특종) 정도로 정리해볼 수 있습니다.

반면 기자가 현장에서 온라인용으로 전송하는 기사의 시간대는 그야말로 '수시'입니다. 다만 회사 방침으로, 아침 출근 시간 전후(8~9시대), 점심시간 직전(11시대)에 주로 많이 전송하라고 권장해요.

인터넷 뉴스 리터러시

이때 전송하는 게 언론사 홈페이지나 네이버 등에서 조회수가 높다는 통계가 있기 때문입니다. 사람들이 스마트폰 등으로 뉴스를 많이 보는 시간대란 뜻이겠지요.

셋째 유형의 경우 즉 온라인 담당 기자의 기사는 어떻게 구분할까요? 사실 시간대가 수시인지를 봐도 대략 알 수 있습니다. 그에 더해, 기자 이름(즉 바이라인)을 보면 아주 명확한 경우도 있어요. '◇◇◇ 한경닷컴 기자'라고 표기된 기사는 당연히 《한국경제》 기자가 아닌 한경닷컴 기자가 쓴 것이겠죠. 또 '온라인뉴스팀', '디지털뉴스부' 등의 바이라인이 달린 것도 닷컴팀에서 온라인용으로 쓴 것입니다.

물론 꼭 종이신문에 실리는 기사가 좋고, 기자가 현장 전송한 속보나 닷컴 기자가 쓴 기사가 나쁘다는 뜻은 아니에요. 여러분이 구분은 할 수 있어야 한다는 취지입니다. 또 기자 개인의 역량에 따라 다르기는 하지만, 구조적으로는 현장 속보나 닷컴 기사가 검증 면에서 취약성이 있다는 점을 기억해두어야 합니다.

궁금한 이야기
'[단독]' 기사가 뭐기에

요즘 인터넷 뉴스를 보면 앞에 '[단독]'이란 말머리가 붙은 제목이 많습니다. 여러분도 알고 있듯 '특종', '독점' 이런 뜻으로 사용되는 말이 '단독'인데, 최근엔 다른 단어는 잘 안 쓰이고 '단독'으로 통일된 듯해요.

예전엔 아무리 특종 기사라고 해도 이런 말을 뉴스에 붙이지 않았습니다. 그러다가 포털 기반의 디지털 뉴스 체제가 되면서 '단독'이란 말을 붙이는 게 유행이나 관행처럼 돼버렸습니다.

이 '[단독]'은 어떤 과정을 거쳐 붙을까요? 뉴스마다 다 다르지만, 큰 틀에서는 온라인 관련 팀에서는 웬만하면 '붙이자'는 쪽이고, 취재기자는 신중한 쪽입니다. 온라인 관련 팀은 업무 특성상 뉴스의 가독성, 다시 말해 '조회수'를 염두에 둘 수밖에 없죠. '[단독]'이 붙으면 조회수는 늘어나요. 다른 곳에선 볼 수 없는 독점적인 뉴스라는 의미이니 독자들이 어떤 내용일지 궁금해하게 되죠.

반면 취재기자 입장에서는 어디까지 단독이란 말을 쓸 수 있을지 고민할 수밖에 없습니다. 물론 독자가 뭐라고 항의하는 경우는 거의 없어요. 언론계 내부의 반응이 신경 쓰이는 겁니다.

"어이, 홍 기자. 단독 기사 썼더라? 전날 SBS 뉴스하고 거의 똑같던데, 제일 마지막 줄이 약간 달라서 단독인가?"

"오늘 아침 온라인에 단독 기사 잘 봤어. 그런데 내용이 기억이 안 나네?"

이런 식의 비아냥을 듣고 싶은 기자는 없겠죠? 어떤 기자가 쓴 뉴스에 '[단독]'이 붙으면, 그건 기자가 그 뉴스를 단독 기사, 즉 가치 있는 뉴스라고 생각한다는 뜻이 되잖아요. 그런데 실제 내용은 함량 미달이라면 부끄러운 일이겠죠. 즉 '[단독]' 표기는 그 기자의 수준 또는 품격을 정하는 기준이 될 수도 있습니다. 이 말머리는 온라인 관련 팀과 취재기자(데스크가 포함될 때도 있음)가 협의해 정하고, 앞서 말했듯 '붙이자, 붙이지 말자' 실랑이도 벌어져요.

미디어 내부에서 '품격'까지 고려해 표시를 하는 것이니 '[단독]'이 붙은 것은 대부분 좋은 뉴스일 경우가 많습니다. 다른 미디어가 포착하지 못한 특종 기사의 성격을 갖추고 있는 게 대부분이죠. 반면 앞서 잠시 설명했듯, 단독 기사는 그만큼 오보의 위험도 따릅니다. 이런 점을 참고해서 뉴스를 본다면 좋겠지요.

한 가지 짚을 부분은, 요즘은 온라인 관련 팀의 '붙이자' 요구가 더 통하는 분위기란 점입니다. 조회수를 높이는 쪽으로 협의가 많이 이뤄진다는 것이죠. 이렇게 되면 미디어의 단독 기사가 신뢰를 잃을 수도 있습니다. "단독이라고 해서 봤더니 별 내용 없네"가 반복되면, '양치기 소년' 같은 효과가 날 테니까요.

12 가짜뉴스 리터러시

요즘 가짜뉴스란 말을 많이 씁니다. 이 용어 전에는 '괴담'이라는 말도 있었는데, 가짜뉴스란 말이 최근 몇 년 사이에 훨씬 더 많이 통용되고 있어요.

가짜뉴스란 대체 뭘까요? 이완수 동서대 미디어커뮤니케이션 학부 교수는 〈가짜뉴스(fake news)란 무엇인가? – 가짜뉴스 개념과 범위에 대한 다차원적 논의〉에서 "가짜뉴스에 대한 정의가 너무 다르고, 많아서 혼란스럽기까지 하다. 그렇다고 중구난방 식으로 흘러 다니는 가짜뉴스의 개념을 정돈 없이 마구 쓸 일도 아니다"라고 지적합니다.

이 단어 자체가 아예 없던 단어는 아니겠지만, 실질적으로 유행하게 된 계기는 명확한 편입니다. 2016년 미국의 제45대 대통령 선거에서 도널드 트럼프 측 또는 그 지지자들이 SNS에서 뉴스처럼 보이는 거짓 내용을 퍼뜨려 당선됐다는 논란이 일면서부터입니다. 대표적인 사례가 '교황이 트럼프를 지지하기로 했다'는 내용입니다. 그런데 트럼프는 자신의 재임 기간 내내 '가짜뉴스'란 용어를 사용해, 보도되는 뉴스 중 일부는 가짜라고 몰아간 적이 있죠. 특히 자신에게 불리한 언론 보도를 '가짜뉴스'라고 불렀습니다. 사전적으로 올바른 사용이 아닙니다.

진짜 '가짜뉴스'와 가짜 '가짜뉴스'

가짜뉴스는 본래 뉴스를 가장한 잘못된 정보를 뜻하는 말이어야 마땅합니다. 진짜 미디어가 만든 뉴스는 따로 있는데, 누군가 유튜브에 '이거 KBS 뉴스인데요'라며 자신이 가공·편집한 엉뚱한 영상을 올리는 식인 거죠. 일종의 '뉴스 사칭'이 가짜뉴스(fake news)의 제대로 된 정의라고 볼 수 있습니다.

미디어도 뉴스를 만들 때 실수할 수 있습니다. 그래서 미디어는 '정정보도'란 걸 합니다. 미디어가 잘못 전한 뉴스는 '오보(false report 또는 misreport)'라고 부르지요. 가짜뉴스와는 다른 개념입니다.

물론 오보도 문제입니다. 잘못된 정보를 전달한 것이니 말입니다. 그런데 아홉 번의 특종을 하더라도 단 한 번의 오보를 하면 그 언론사는 이상한 미디어일까요? 오보는 피해야 마땅하겠지만, 그 논리는 결국 미디어에게 입을 다물라고 요구하는 것과 다름없습니다.

언론의 본질은 권력을 감시·비판하는 것이라고 했습니다. 권력자가 감추고 싶은 걸 파헤치는 게 언론의 제1의 사명입니다. 여러분이 기자인데 이런 숨겨진 내용을 취재했고, 보도만 남겨둔 상황이라고 상상해보세요. 아직 아무도 모르는 내용입니다. 언론사 나름대로 확인과 검증을 한다고 했습니다만, 조금 조마조마하기도 하지요.

여러분은 어떻게 하겠습니까?

세상에 확실한 건 없습니다. 오보를 완전히 피하려면, 이런 건 보도 안 하고 정부가 발표하는 내용 등으로만 기사를 만들면 됩니다. 스트레스도 안 받고, 안전합니다. 반면 내부적으로 검증할 만큼 했으면 보도를 하는 방법이 있습니다. 어느 쪽이 맞을까요?

그렇게 특종 기사가 나오고, 권력자들의 비리 사실이 알려져 처벌도 이뤄지고 하는 것입니다. 심지어는 대통령이 파면되기도 하죠. 이 과정에서 어쩌다 한 번 실수가 나올 수도 있겠죠. 그 1번의 실수를 없애기 위해 9번의 특종 보도를 안 하는 게 미디어의 바른 태도일까요? 이에 대한 생각은 기자에 따라서도 다 다릅니다. 나는 당연히 1번 실수가 나오더라도 9번 특종을 위해 보도하는 쪽이 맞다고 봅니다. 1명의 억울한 피해자를 막기 위해서라면 9명에 대한 단죄까지도 포기하는 게 맞다고 보는 법률가의 관점과는 정반대라고 할 수도 있겠죠.

어쨌든 이런 과정에서 실수로 나온 오보와 그에 따른 정정은 언

가짜뉴스 리터러시

론 뉴스를 사칭하는 가짜뉴스와는 완전히 다를 수밖에 없어요.

대통령을 날려버릴 정도의 사회적 기사는 아니지만 제법 중요한 소재에 관한 오보 사례를 하나 소개해볼까 해요. 《한국경제》는 2021년 5월 〈삼성바이오, 화이자 백신 만든다〉는 기사를 1면에 내보냈습니다. 삼성바이오로직스라는 회사가 미국 제약사 화이자의 백신을 위탁 생산하기로 했다는 내용입니다. 그러나 삼성은 사실 무근이라고 반박했죠.

이 기사는 결과적으론 오보로 드러났습니다. 그런데 삼성바이오는 화이자가 아니라 모더나 백신을 위탁 생산하기로 했어요. 물론 회사 이름이 틀렸으니 오보였던 건 맞지만, 그렇다고 '완전한 오보'라고만 할 수 있을까요? 미국 제약사 백신을 수억 회분 위탁 생산키로 한 건 맞잖아요.

여러분에게 '오보'란 것도 사실은 어느 정도 근거가 있는 뉴스인 경우가 많다는 걸 설명하려는 겁니다. 30%는 틀린 내용이지만, 70%는 사실일 수 있는 거죠. 또 완전한 오보라고 불리던 기사도 나중에 보니 권력자의 철저한 은폐 때문에 오보가 된 것이지 진실이 나중에 밝혀지는 경우도 있습니다.

요컨대 미디어가 내보낸 뉴스는 개념상으로는 가짜뉴스일 수가 없습니다. 언론 보도를 가짜뉴스라 부르면 '가짜 진짜뉴스'라고 부르는 셈이 됩니다. 경찰을 사칭하는 게 가짜 경찰이지 경찰이 일을 잘못했다고 '가짜 경찰'이라고 부르는 건 말이 안 되는 것과 비슷하다고 생각해보면 이해가 쉬울 겁니다.

이완수 교수는 이렇게 정리합니다.

> ¶ 뉴스와는 달리 모든 정보에는 언제든지 거짓이 담겨 있을 수 있다. 따라서 가짜뉴스 대신에 가짜정보, 허위정보, 엉터리 정보, 미확인 정보라는 표현을 쓰는 것이 더 타당하다. 대신 언론에서 잘못된 뉴스는 '가짜뉴스(fake news)'가 아닌 '오보(false)'의 의미로 해석하는 것이 바람직하다. (…) 정보가 잘못되었다는 사실만으로 (*언론 뉴스를) '가짜뉴스'로 단정 짓는 것은 옳지 않다.

어떤 이는 미디어나 기자의 의도를 의심하며 가짜뉴스를 규정하기도 합니다. 즉 고의로 허위정보를 퍼뜨릴 목적으로 작성한 뉴스는 가짜뉴스라는 것이죠. 그런데 말입니다, 단언컨대 그런 뉴스는 존재하지 않아요. 앞서 여러 단계에 걸친 언론의 검증 방식을 설명했죠? 신문이나 방송 등 주요 미디어의 뉴스는 혼자 만드는 게 아닙니다. 당연히 권력을 감시·비판하는 미디어 본연의 기능을 수행하기 위해 사실관계를 바탕으로 집단적으로 작성하는 게 뉴스입니다. 이는 언론 전문가들이나 학자는 대부분 동의하는 내용이에요.

그러나 일반인은 이런 속사정을 잘 모릅니다. 무려 미국 대통령이 가짜뉴스란 말을 입에 달고 사니 이 용어가 무차별적으로 퍼지게 됐어요. 그 효과도 상당하지요. 국내 정치인 일부도 이 용어에 주목하고 적극적으로 사용하기 시작했습니다. 어떤 효과가 있을까요?

박아란 한국언론진흥재단 선임연구위원은 〈온라인 허위정보와 뉴스 미디어〉 보고서를 통해 이렇게 평가했습니다.

> ¶　2016년 미국 대통령 선거 이후 전세계적으로 널리 사용된 'Fake news'라는 단어는 뉴스라는 용어를 사용하고 있어서 이용자들을 더욱 혼란에 빠뜨리고 있으며, 진짜 뉴스와 가짜뉴스의 구분 문제, 뉴스와 정보의 구분 문제 등 다양한 논란을 낳고 있다. 'fake news'라는 단어를 사용하는 것은 언론 신뢰에도 부정적 영향을 끼치고 있으며 전통적 언론의 가치도 훼손하고 있다. (…) 또한 해외 연구에 따르면 정치인을 비롯한 사회 엘리트들이 자신에 대해 부정적인 뉴스를 '가짜뉴스'라고 부르며 언론을 비난하는 것도 시민들의 언론에 대한 불신을 높인다.

트럼프 전 대통령이나 국내 일부 정치인이 가짜뉴스란 개념을 잘못 사용하더라도 일부러 계속 사용하면 이렇듯 언론에 부정적인 효과를 낳을 수 있겠죠?

그럼 트럼프라는 정치 권력이 가짜뉴스라고 몰아붙인 뉴스는 보도 가치가 없는 걸까요. 트럼프는 '러시아 스캔들'이라 불리는 자신의 비위 의혹 보도를 가짜뉴스라고 맹공격했어요. 그런데 정작 해당 내용을 보도한《워싱턴포스트》와《뉴욕타임스》는 그 뉴스로 미국에서 저널리즘 관련 최고 권위를 인정받는 '퓰리처상'을 받았습니다.

사정이 이런데도 특정인, 특히 일부 정치인들은 지나치다 싶을 정도로 가짜뉴스란 말을 집요하게 사용합니다. 도대체 왜 이럴까요.

《월스트리트저널》과 NBC 뉴스가 2017년 여론조사를 실시했습니다. 그 결과 미국 성인의 51%가 "언론이 지나치게 트럼프에게 비판적"이라고 답했어요. 반면 "언론의 보도가 공정하고 객관적"이란 답변은 41%로 상대적으로 적었습니다. 그 이유로, "뉴스 미디어와 엘리트 집단이 트럼프 정부의 문제에 대해 과장하는 측면이 있다. 그들이 트럼프 대통령이 몰고 올 변화에 위협을 받거나 불편하게 느끼기 때문"이라고 답했습니다.

즉 정치 권력이 가짜뉴스란 단어를 잘못 사용하면서까지 미디어를 공격했고, 미디어의 그 보도 내용은 알고 보니 퓰리처상 수상감인데도, 시민들은 정치 권력에 동조하고 있다는 걸 알 수 있습니다. 이런 일이 미국에서만 벌어질까요?

이완수 교수는 이렇게 결론 내리고 있습니다.

> 한국 사회가 가짜뉴스를 둘러싸고 벌이는 시비논쟁도 한국 사회의 고질적 이념성이나 정파성과 무관하지 않다. 자신의 정치적 이념에 맞는 정보는 사실로, 반대로 자신의 정치적 이념과 맞지 않는 정보는 허위로 받아들인다. 사람들은 자신이 지지하는 정부를 비판하는 기사를 쉽게 가짜뉴스로 치부하는데, 이는 그 기사가 단순히 자신의 생각과 다르다는 이유 때문이다.

뉴스를 가짜로 만드는 미디어?

앞서 제1부에서 양파를 귀에 넣으면 좋다는 허위정보의 확산을 소개한 바 있습니다. 그리고 일간지 이름으로 기사화하기도 했다는 점도 소개했습니다.

다음의 사진은 실제 이 내용이 소개된 10대 일간지의 한 온라인판 기사가 네이버에 전송돼 아직도 게재돼 있는 장면을 캡처한 것입니다. 이 뉴스는 가짜뉴스일까요?

이제까지 책을 읽어온 독자라면 답을 알 것입니다. 이는 가짜뉴

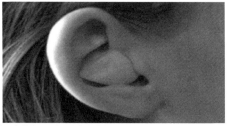

'귀에 양파' 가짜뉴스를 기사화한 한 일간지의 인터넷판 기사 캡처(자료: 네이버 캡처)

스가 아니라 언론사의 오보입니다. 가짜뉴스라는 단어를 사용해서 설명하면, '가짜뉴스를 잘못 인용 보도한 진짜 뉴스의 오보'라고 요약할 수 있죠.

왜 이런 실수가 나올까요? 역시 앞에서 설명한 인터넷 뉴스 시대의 함정에 해당합니다.

해당 뉴스를 보면 〈양파를 넣으면 어떤 일이 일어날까〉란 제목이고 전송 시간은 '기사입력 2016.12.28. 오후 1:22'로 표기돼 있어요. 바이라인에 기자 이름이 있는데, 해당 기자의 기사를 검색해 보면 이 기사처럼 생활문화나 스포츠, 연예 분야의 말랑말랑한 기사(이를 부드러운 기사란 뜻으로 '연성기사'라고 부르며, 반대로 정치·경제·사회 분야의 딱딱한 기사들을 '경성기사'라고 합니다)가 많다는 걸 알 수 있습니다. 즉 온라인 전용 기사를 해당 언론이 별다른 검증 없이, 기자가 자체적으로 올린 것으로 쉽게 짐작할 수 있어요.

기자는 왜 실수를 했을까요? 그리고 5년가량 지났는데도 왜 아직도 삭제하지 않고 있는 걸까요? 정확한 이유는 당사자만 알 겁니다. 다만 리터러시의 측면에서 유추해볼 수는 있어요. 아마 해당 기자는 소프트한 주제를 찾아 온라인 전용 기사를 올리는 업무를 맡고 있었을 겁니다. 국내 SNS 등에서 '귀에 양파' 내용을 접했을 거고, 확인차 위티피드란 사이트에는 들어가 봤을 겁니다. 기자는 그 사이트를 '온라인 매체'라 해도 별문제가 없을 것이라 여겼을 테고, 별다른 이의가 제기되지 않을 '저위험군 기사'이니 그냥 기사로 만들었을 겁니다. 그리고 온라인 전용 기사의 특성상 꼼꼼한 데스킹

가짜뉴스 리터러시

이나 사후 체크 등이 따르지 않았겠지요. 그렇게 오보가 생산됐고, 해당 미디어의 무관심 속에 아무도 오보인 줄도 모르고 있을 거고, 아직도 뉴스로 남아 있다는 게 내 추측입니다.

중요한 건 이 뉴스가 '기자나 매체가 고의적으로 허위정보를 만들려고 한 뉴스'는 아니라는 것입니다. 다시 강조하지만, 그런 기자나 매체나 뉴스는 존재하지 않습니다.

가짜뉴스, 어떻게 구분하고 처벌할까

지금까지 가짜뉴스의 개념을 보다 명확히 하고, 그 용어 사용의 의도와 목적에 유의해야 한다는 점도 살펴봤습니다. 그렇다 하더라도 미디어가 아닌 자가 교묘하게 만들어내는 가짜뉴스(허위조작정보), 특히 유튜브 등 SNS상에서의 허위정보를 어떻게 허위라고 구분할 수 있는지, 또 이에 대한 방지나 처벌을 위한 시스템 구축은 가능한지의 문제가 남습니다.

우선 형사처벌 등 법적인 규제가 가능할지에 대해서는 전문가들은 회의적입니다. 일단 '허위'의 판단 기준이 모호합니다. 강지현 법학 박사는 〈인터넷상 여론조작의 실태와 규제에 대한 형사법적 고찰〉에서 이렇게 설명합니다.

¶　특정한 표현을 의견과 사실로 구분하는 것 역시 '허위사실'이 언제나 명확한 개념은 아니므로 어렵고, 객관적인 '진실'과 '허위'를 구별하는 것 또한 명확한 판단이 가능하지 않다. 소위 '가짜뉴스'라는 개념 역시 각종 입법안에서 보이듯 명확하게 정의되었다 볼 수 없다.

이런 상황에서 법적 규제를 하면 자칫 헌법상의 권리인 표현의 자유 자체를 억압하는 수단이 될 수 있어요. 실제 2008년 이른바 '미네르바 사건'이란 게 있었습니다. 포털 다음에 미네르바란 필명으로 글을 쓴 인터넷 논객 박대성 씨가 체포·구속된 것입니다.

그의 혐의는 '허위사실 유포'였습니다. 그는 미국 금융사인 리먼 브라더스의 부실과 여기에서 파생하는 금융위기, 향후 경제 등을 예측하는 글을 써서 인기를 끌었죠. 나중에 보면 대부분 맞는 예측이었는데도 외환 보유 관리와 관련한 일부 사실이 허위라는 이유로 정부가 반박 자료를 내고 검찰이 수사에 착수한 겁니다.

결과적으로 그는 무죄 판결을 받았어요. 공익을 해칠 목적이라고 볼 수 없다는 이유에서입니다. 미네르바는 이후 자신에게 적용된 법 조항인 전기통신기본법 제47조 1항에 대해 헌법소원을 냈어요. 헌법재판소는 2010년 '공익을 해칠 목적으로 전기통신설비를 이용해 공공연히 허위의 통신을 하면 5년 이하의 징역 또는 5000만 원 이하의 벌금에 처한다'는 해당 조항이 위헌이라고 판단했습니다. 허위 등의 개념이 '명확성의 원칙'에 반한다는 겁니다.

불명확한 규범으로 표현의 자유를 규제하게 되면 결국 사람들은 자기 생각을 표현하길 두려워하고, 그로 인해 표현의 자유의 본래 기능(다양한 의견, 견해, 사상의 표출)이 사전에 제약됩니다. 그러니 이런 법 조항은 큰 문제가 아닐 수 없습니다.

강지현 박사는 "무엇이 금지되는 표현인지 불명확한 경우, 행위자는 스스로 규제받을 것을 우려하여 표현행위를 스스로 억제하게 될 가능성이 커진다"는 점을 지적합니다.

허위정보에 의한 피해는 이미 기존의 법률로 구제하고 있습니다. '진짜 뉴스'라 하더라도 보도의 대상인 사람이 피해를 호소한다면, '언론중재 및 피해구제 등에 관한 법률'에 따라 정정보도(틀린 보도에 피해를 입어 바로잡는 것), 반론보도(사실적 보도에 피해를 입으면 그 보도에 관한 자신의 반론도 추가로 반영), 추후보도(예를 들어 '구속됐다' 보도만 나갔다면 '무죄를 받았다'는 추후 결과도 보도) 청구를 할 수 있고, 법원에 가기 전 손쉽게 이런 청구를 제기할 수 있는 언론중재위원회도 설치돼 있어요.

가짜뉴스 등 허위조작정보에 대해서는 형법 제307조(명예훼손: 5년 이하의 징역, 10년 이하의 자격정지 또는 1000만 원 이하의 벌금), 제309조(출판물 등에 의한 명예훼손: 7년 이하의 징역, 10년 이하의 자격정지 또는 1500만 원 이하의 벌금), 제311조(모욕: 1년 이하의 징역이나 금고 또는 200만 원 이하의 벌금) 등의 조항에 따라 이미 형사처벌할 수 있는 법적 근거가 마련돼 있습니다. 진짜 뉴스든 가짜뉴스든 피해를 받은 사람은 형사소송뿐 아니라 민사소송을 통해 손해배상도 청구할 수 있죠.

다만 모든 일을 법의 영역으로 끌고 가는 건 민주사회에서 바람직한 방향은 아닙니다. 현실적으로도 21세기 들어 인터넷 환경 속에서 각종 정보가 난무하고 허위조작정보의 확산 사례가 갈수록 늘고 있어, 일일이 민·형사상 대응하기가 어려운 측면도 있어요.

따라서 자본과 정보·기술 자원이 풍부한 관련 업계가 자율적으로 허위조작정보를 최소화하기 위해 노력하는 게 중요합니다. 이정념 숭실대 법학과 교수 또한 〈온라인 허위정보의 규제를 위한 접근법 - 허위정보의 의미와 본질, 규제 방향을 중심으로〉에서 "(허위정보에 대한) 법적 규제는 의사표현의 자유와 관련된, 보호되어야 하는 인간의 기본권과 복잡하게 얽혀 있기에 반드시 최후의 수단으로만 작용하여야 한다"고 강조합니다. 그의 조언입니다.

> ¶   허위정보가 생산되고 게시되며 유포되는 공간으로 온라인 플랫폼 내지 정보통신서비스를 제공하는 자들이 자율적으로 허위정보에 대응하기 위한 체계를 갖추고 실행하는 것은 허위정보에 대응하기 위한 가장 근본적이고 효과적인 방법일 것이라 판단된다. (…) 허위정보가 생산되고 게시되며 유포되는 공간을 제공하는 온라인 플랫폼 내지 정보통신서비스의 대표자들 그리고 (광고의 형태로 등장하는 허위정보를 규제하기 위하여) 광고업계 대표자들이 주체가 되는 자기규제가 온라인 허위정보에 대한 일차적인 대응책으로 역할해야 한다.

뉴스와 정보를 습득하는 여러분도 가짜뉴스를 구분하기 위해 일정한 노력을 해야 할 것입니다. 물론 신문이나 방송으로 직접 뉴스를 보거나 미디어의 공식 홈페이지와 SNS, 또는 포털 사이트의 뉴스 서비스 등에서 볼 때는 가짜뉴스인지 걱정할 필요가 없겠죠.

하지만 유튜브나 각종 SNS 또는 기타 온라인 공간에서 미디어의 공식 뉴스가 아닐 수 있는 정보를 접하면 허위일 가능성을 늘 생각해야 합니다. 출처가 제시돼 있고 뉴스의 형태를 하고 있다면, 그게 진짜 보도된 것인지 해당 미디어나 포털 사이트 등에서 쉽게 검색해볼 수 있지요. 실제 보도된 뉴스라도 일부만 잘려서 돌아다닐 때는 맥락이 왜곡될 수 있으니, 전체 뉴스를 찾아보는 것이 뉴스 이해에 도움이 됩니다. 그리고 출처가 불분명한 뉴스의 형태거나 그냥 '찌라시' 형태라면 신뢰하기 어려운 정보라고 판단하는 게 좋습니다.

온라인 공간에는 '개인의 경험'에 관한 정보도 있습니다. 각종 상품 후기가 대표적인 사례겠죠. 이런 건 뉴스가 아니란 점을 다들 알 겁니다(가짜'뉴스'라 부르기도 어렵다는 뜻이에요). '내돈내산'인 척했는데 업체로부터 돈을 받은 '뒷광고' 콘텐츠란 게 무더기로 드러나 독자들의 공분을 산 일이 있었지요. 어쩌면 예견된 결과입니다. 앞서 미디어와 유튜브 관련 내용에서 계속 살펴봤듯, 정식 미디어의 뉴스와 그렇지 않은 정보의 신뢰도는 본질적으로 큰 차이가 난다는 점을 염두에 둬야 합니다.

역대 미국 대통령 중 SNS를 가장 잘 활용한 인물로 꼽히는 버락 오바마 전 대통령은 최근 tvN에 출연해 강조했습니다. 온라인에서 정보를 습득하는 모두가 귀 기울일 만한 조언이라고 생각합니다.

¶   SNS가 민주주의의 힘을 기르는 데도 사용될 수 있지만 누구에게나 악용될 수 있습니다. 네오나치는 물론 IS, 반유대주의자 조직, 인종차별주의자 조직 등 모두에게 말입니다. 이처럼 SNS가 민주주의 사회에서 정치적 양극화를 심화하고 있는 위험한 상황입니다. 신뢰할 만한 매체를 통해 정보를 습득하던 상황으로 돌아가야 합니다. 왜냐하면 민주주의는 모두가 동의해서가 아니라 서로간의 사회적 신뢰가 있을 때 작동하기 때문입니다.

가짜뉴스 리터러시

나오며: 또 하나의 리터러시

-뉴스와 소송

지금까지 한국 사회에서 미디어 리터러시의 기본과 실제 뉴스를 볼 때 어떤 점을 참고해야 할지 개략적으로 소개했습니다. 물론 미디어 리터러시에는 더 많은 내용이 있지만 이 책에서는 큰 틀을 설명하는 데 집중했고, 다른 내용은 기회가 되면 또 풀어놓도록 하겠습니다.

책을 마치기 전에, 요즘 이슈인 미디어에 대한 소송 문제를 짚어보려 합니다. 현재 집권여당에서는 미디어에 대한 '징벌적 손해배상'을 도입하는 법 개정을 추진하고 있습니다. 글을 쓰는 현 시점에서는, 야당 반대 속에서 여당이 법안을 국회 상임위원회까지 강행 처리하고 본회의 단계만 남겨둔 상태입니다.

사람들이 미디어를 보는 시선은 별로 좋지 않습니다. 어찌 보면 당연합니다. 미디어는 비판하는 게 일이니 인심을 얻을 수도 없고,

얻어서도 안 됩니다. 일단 권력은 미디어의 비판을 싫어하며, 앞에서도 설명했듯 미디어에 압박을 가하거나 보도를 방해하려는 움직임을 보일 가능성이 있습니다.

이 논의에 참여하는 다른 주체인 국민들도 역시 비판적 보도의 순기능이나 그 순기능의 약화에는 주목하지 않을 가능성이 큽니다. 책 앞부분에 소개한 촛불 혁명의 도화선이 미디어의 뉴스였지만 그걸 기억하거나 보상하는 사회 시스템은 없지요.

법원이나 판사는 어떨까요? 사법부 또한 당연히 미디어의 감시·비판 대상입니다. 법원 행정이나 판결을 비판하는 기사를 여러분도 가끔 봤던 기억이 날 거예요. 따라서 사법부도 미디어를 별로 좋아하지 않을 것 같아요. 오히려 미디어의 실수나 역기능에 대한 사법적인 통제에 관심이 더 많을 겁니다.

즉 미디어는 사회적 공격을 받아내는 게 일입니다. 공수부대가 임무 형태상 '포위되는 것'이 일이듯 말입니다. 감시·비판이 미디어의 역할이기 때문입니다. 청와대를 정점으로 한 행정부뿐 아니라 입법부나 사법부 모두 미디어와 대립적 관계일 수밖에 없습니다.

여당이 압도적 다수인 상황에서 징벌적 손해배상제 도입 등 미디어 관련법이 언제 국회 본회의를 통과해도 이상할 게 없습니다. 입법은 정치 권력의 고유 권한이니 미디어라 하더라도 법을 따르지 않을 방법은 없을 겁니다.

다만 현행법상으로 미디어를 둘러싼 소송전에서 어떤 일이 벌어지고 있는지 여러분에게 설명할 필요가 있을 것 같아요. 대법원 확정판결이나 정정보도가 이뤄진 뉴스 사례를 먼저 살펴보겠습니다. 그리고 내가 직접 겪은 소송에 관한 사례도 추가로 소개할 예정입니다.

사법기관 VS 미디어
뉴스를 보는 다른 눈

2016년 7월,《조선일보》가 1면에 〈우병우 민정수석의 처가 부동산 - 넥슨, 5년 전 1362억 원에 샀다〉란 기사를 배치했습니다. 2면까지 이어지는 해당 기사는, 우병우 당시 민정수석의 처가 소유한 강남역 부근 빌딩을 넥슨이 매입했다는 내용입니다. 빌딩이 잘 팔리지 않아 애를 먹던 상황에서 우 수석과 친했던 진경준 검사장이 자신과 친분이 있던 넥슨의 김정주 회장 쪽에 다리를 놓아줬다는 것입니다. 그 대가로 우 수석은 진경준의 검사장 승진 때 그가 넥슨 주식을 보유한 사실 등을 눈감아준 것 아니냐는 취지였죠.

이 기사를 예로 든 이유가 있습니다. 당시 내가 일하던《경향신문》도 이미 이 부동산 거래와 관련한 내용을 파악하고 취재 중이었습니다. 그런데 추가 확인을 하는 사이에《조선일보》가 먼저 기사를 쓴 것이죠. 1보를 빼앗겼다는 점에서 많이 아쉬웠던 기억이 납니다. 즉 이 기사는《조선일보》든《경향신문》이든(성향이 보수든 진보든), 미디어라면 어디든 쓸 내용이었다는 이야기를 하고 싶은 겁니다.

당시 우 수석은 보도 후 곧바로 해당 기사를 쓴 언론사와 기자들을 형사 고소하는 동시에 기사에 대한 정정보도 및 손해배상 청구 소송을 제기했습니다.

기사의 팩트는 아주 단순하고 명백해 보입니다. 실제 그런 부동산 거래가 있었던 건 사실이에요. 문제는 법원이 '의혹 제기' 부분을 '허위'라고 판단했다는 점입니다. '진경준이 다리를 놔줬다'거나 '우병우가 검증 때 눈감아줬다'는 부분 말입니다.

물론 당시 《조선일보》 기사엔 이상한 부분이 있었어요. 의혹 당사자인 우병우 측 반론 등 기사에 필요한 핵심 구성요소가 빠져 있었습니다. 또 당시에 《조선일보》가 송희영 주필 사건으로 청와대 민정수석실과 사이가 좋지 않다는 사정도 있었죠. 이런 배경은 '보도의 악의성'에 대한 의심으로 이어질 수 있겠죠. 소송에서 《조선일보》에 불리한 정황이라고 할 수 있습니다.

그렇다고 해도 이 보도를 허위라고 보고 1~2면에 같은 크기로 정정보도를 하라고 한 법원 판단은 쉽게 이해가 가지 않습니다. 팩트(부동산 거래)는 맞았고, 그 거래가 좀 이상한 것도 사실이잖아요? 의심스럽다는 보도도 못 하는 것인지 의문입니다.

실제 당시 진경준 검사장은 넥슨 주식 수억 원어치를 받아 나중에 120억 원대 차익을 남기고, 승용차를 제공받는 등의 혐의로 구속됐어요. 그래서 사람들은 김정주 회장이 진경준 검사장의 이른바 '스폰서' 아니냐는 의심을 많이 했습니다.

얼마 지나지 않아, 넥슨과 우병우 처가의 빌딩 거래 사실이 드러났습니다. 그런데 이 외에도 국정감사 등을 통해 김정주 회장의 부친이 김주현 당시 대검 차장(고검장) 측과도 부동산 거래를 했다는 사실이 드러납니다. 즉 김정주 회장(측)은 진경준, 우병우, 김주현이라는 고위직 검사 3명과 주식 및 부동산 거래를 한 것입니다.

누가 봐도 좀 이례적이긴 합니다. 넥슨이라는 게임회사(또는 회장 및 그 가족)가 거물급 검사와, 그것도 무려 셋과 주식이나 부동산 거래를 한 게 우연일까요? '어, 사고팔고 보니 다 검사님이네' 이렇게 됐다고만 생각해야 상식에 부합할까요? 나는 《조선일보》가 굉장히 중요하고 합리적인 의혹 제기를 했다고 평가합니다.

그래서 내 생각은 이렇습니다. '팩트는 맞는데 이를 바탕으로 한 의심을 허위라고 한 판결문은, 일종의 비문이다.' 의심하는 게 어떻게 허위일 수가 있습니까.

이렇게 보기 시작하면, 소송을 안 걸어서 그렇지 대부분의 의혹 제기형 기사가 전부 허위가 됩니다. '아무개 정치인이 기업인에게 돈을 받은 사실이 확인됐다(팩트). 그에 따라 해당 정치인이 민정수석실에 있을 때 그 기업인 사면에 도움을 준 대가라는 의혹이 제기되고 있다(의심)'는 기사가 있다고 칩시다. 미디어는 정치인과 기업인이 특혜 사면을 두고 거래했다는 것을 법원 판결의 수준으로 밝혀내야 할까요? 밝히지 못하면, 뒤의 의심 부분은 틀린 것이고 해당 기사는 오보이니 정정보도를 해야 할까요? 이 보도에는 명백한 팩트(돈을 받은 사실)도 포함돼 있는데 말입니다.

만약 그렇다면 미디어는 아주 단순하게 사실만 전해야 할 것입니다. 물론 그렇게 하면 비난받을 일도 없고 소송당할 일도 없겠지만, 그게 미디어의 역할이라 할 수 있나요? 《조선일보》가 넥슨과 우병우 처가의 부동산 거래에 대해 '넥슨이 매입했다, 끝.' 이렇게만 썼다면, 독자들은 어리둥절할 겁니다. '그래서 뭐가 어쨌다는 거야?' 하고 말이죠. 그 사실에 대해 어떤 의심을 가져볼 만한지 독자들에게 맥락이나 배경 설명을 해주면 정말 안 되는 걸까요?

검찰 뉴스 리터러시 부분에서, 첩보와 수사 그리고 판결 단계로 나누어 설명을 한 부분이 있습니다. 우병우 뉴스는 첩보 단계라고 볼 수 있습니다. 그리고 미디어는 수사권이 없는 민간 회사죠. 그런데 해당 법원 판단은 미디어에게 의혹 제기가 맞다는 것까지 입증하라고 요구한 것과 다름없습니다.

미디어엔 강제 수사권이 없습니다. 나도 20년 가까이 취재하고 기사를 쓰면서, '계좌추적, 소환 조사, 압수수색, 디지털포렌식 이런 걸 하면 금방 진실을 밝힐 수 있겠는데'란 생각을 수없이 했습니다. 그럴 수 없으니, 미디어는 범죄 첩보를 생산해 수사기관 수사와 사회적 검증을 촉구하는 것입니다. 미디어에게 '수사 결과'를 내놓으라고 하는 건 난센스입니다.

정리하자면, 《조선일보》의 해당 보도는 어떤 미디어라도 정보를 가졌다면 다 썼을 것입니다. 그러나 법원은 실제로 이루어진 부동산 거래라는 사실관계에 기반했음에도 미디어의 의혹 제기를 해석이나 의심의 영역이 아닌 '허위'라고 판단했습니다. 이걸 받아들이면 미디어 입장에서는 특종 뉴스를 제대로 만들 수가 없습니다.

취재원을 밝히지 못하면 허위일까

취재원을 밝히지 못하면 '안 한 말을 한 것처럼 보도했다'고 판단하는 경우가 있습니다. 내가 직접 겪은 사례여서 소개해보겠습니다.

앞서 익명 뉴스 리터러시에서 다뤘듯, 미디어는 취재원을 끝까지 보호합니다. 당연히 안 밝히는 것인데 법원은 이게 이상해 보이는 모양입니다.

2014년 7월 〈"공인인증서 탓에 중국서 '천송이 코트' 못 산다"는 대통령 말…사실이 아니었다〉란 기사를 쓴 적이 있습니다. 해당 기사가 1면에 나간 날 아침, 금융위원회에서는 비상이 걸렸다고 합니다. 그리고 언론중재위를 거쳐 결국엔 정정보도 청구 소송을 걸어왔어요.

결과적으로 1심 판결에서 승소는 했습니다. 4개 쟁점 중 핵심 3개에서 이겨서 '대통령 말이 사실이 아니었다'는 보도가 맞는 내용이란 게 입증됐습니다. 당연한 결과였죠. 사실관계가 명확했으니까요.

그런데 곁가지 같은 1개의 내용에서는 패소 처분을 받았습니다.

후속 뉴스 중 LG유플러스 관계자의 말이 등장한 기사가 있었는데, 그 부분이 허위라고 판결이 나온 겁니다. 해당 내용은 이렇습니다.

> ¶   50여 개 국내 PG사 중 자본금 규모 등을 감안하면 카드사 핵심정보를 관리할 수 있는 후보 업체는 LG유플러스 정도가 유일하다. 그러나 이 회사 관계자는 "정보유출 위험이 커 카드사 핵심정보를 저장하는 형태의 사업에 진출할 계획이 없다"며 "내부 판단을 금융당국에도 전달했다"고 밝혔다.

이 익명 취재원의 실명은 당시 《경향신문》의 간부만 해도 서너 명은 알고 있었지만, 언론사가 어떻게 익명 보도에 관한 증거를 제출할 수 있겠습니까? 금융위원회는 '그런 내용을 전달받은 적이 없다'는 주장을 펼쳤습니다. 여러분은 어떻게 보이나요? 금융위가 전달받은 적이 있다고 주장하든 없다고 주장하든, 'LG유플러스 관계자가 기자에게 그렇게 말했다'는 게 뉴스의 핵심 내용 아닐까요? 참고로 LG유플러스는 '회사가 그런 전달을 한 적이 없다'는 항의나 언론중재, 소송 등을 《경향신문》에 제기한 바 없습니다.

저 말을 한 LG 당사자도 나중에 황당해하며 웃었습니다. 그러나 어쩌겠습니까. 서슬 시퍼런 금융당국 앞에서 '내가 말했다'고 할 수도 없잖아요. 법원은 이런 부분을 고려하지 않나 봅니다.

이 문제는 유심히 볼 부분이 더 있습니다. 이 소송이 정치 권력의 정점에서 시작됐다는 것이지요. JTBC가 쓴 기사를 보면 잘 알 수 있습니다.

[앵커]

박근혜 전 대통령이 재임 중에 인터넷 보안체계 때문에 중국 네티즌들이 우리 드라마에 나오는 옷을 못 산다며, 이른바 '천송이 코트 발언'을 한 적이 있죠. 하지만 이것이 팩트가 잘못됐다고 언론들이 보도하자 정부는 소송에 나서기도 했는데, 알고 보니 그 배후에도 청와대가 있었습니다. 당시 청와대가 박 전 대통령 이미지 관리에 몰두한 정황을 보여주는 문건, 여러 건을 입수했습니다.

이희정 기자입니다.

[기자]

2015년 6월 한·미 정상회담을 앞두고 우병우 수석의 민정수석실이 작성한 보고서입니다.

아직 하지도 않은 정상회담에 대해 비판 여론이 생겨날 걸 걱정하면서, 보수논객들을 시켜 우호적인 분위기를 조성하라는 지시를 내린 게 눈에 띕니다.

당시 청와대는 대통령의 실수를 지적한 언론 보도에는 특히 빠르고 강하게 대응했습니다.

박 전 대통령의 '천송이 코트' 발언이 잘못됐다는 보도가 나오자 후속 보도를 차단시키고 법적 대응 검토를 지시한 겁니다.

하지만 청와대의 지침대로 소송을 건 금융위원회는 패소했습니다.

2014년 8월 프란치스코 교황 방한을 앞두고는 교황의 동선과 메시지를 미리 파악해 대응하라는 지시도 내렸습니다.

교황의 세월호 참사 위로 행보가 정부에 비판으로 돌아올까봐 대비에 나선 겁니다.

이밖에 청와대는 2015년 6·15남북공동행사가 무산 위기에 처했을 때도 "북한 때문임을 부각해 정부 책임론을 차단하라"고 지시한 것으로 확인됐습니다.

이 소송전을 보면, 정치 권력이 정부조직을 통해 미디어에 소송을 제기하고, 법원은 취재원을 말하라고 하며, 말하지 않으면 미디어의 뉴스를 허위라고 판결하기도 한다는 점을 알 수 있습니다.

물론 판사들은 법치국가의 핵심이자 개별 헌법기관으로서 맡은 바 책무를 다하고 있습니다. 내 아이도 장래 희망이 판사입니다(나중에 바뀔지도 모르지만 말입니다). 그만큼 중요하고 매력적인 일을 하고 있다는 뜻이겠지요. 또 미디어의 잘못된 보도로 현저하게 피해를 입은 힘없는 사람이 있다면, 그 사람을 구제하기 위해 법률의 영역에서 준엄하게 판결해야 한다는 데는 이견이 없습니다.

다만 정치·자본 권력에 대한 뉴스와 관련한 판결을 할 땐 좀 더 언론의 특성과 역할에 대해 고민할 필요가 있다고 봅니다. 어쩌면 법조계도 미디어 리터러시에 관심을 가져야 한다는 생각도 해봅니다.

소송과 징벌
그리고 마지막 리터러시

미디어는 얼마나 소송을 당할까요? 최근 미디어에 대한 징벌적 손해배상제 도입이 이슈로 떠올랐으니 한번 살펴보겠습니다.

언론중재위원회가 매년 내놓는 〈언론관련판결 분석보고서〉 최신판(2019년 현황)을 보면, 언론에 대한 손해배상 청구 사건은 272건이었는데 평균 인용액(손해배상을 청구한 금액에서 법원이 인정한 액수, 즉 배상해줘야 하는 금액)은 1464만 원이었습니다. 한 사건(의료 관련 사건)에서 2억 원이 넘는 손해배상이 인용돼 실제로는 대부분 사건에서 인용액이 1464만 원보다 낮다고 봐야 합니다. 실제 500만 원 이하가 50건(53.8%), 500만 원 초과 1000만 원 이하가 21건(22.6%)으로 수백만 원 정도의 손해배상인 경우가 대부분(76%)을 차지합니다.

오보에 대한 손해배상 금액이 적으니 미디어가 똑바로 일하지 않는 걸까요? 이런 논리가 징벌적 손해배상제의 핵심 논리입니다.

'천송이 코트' 기사 사건을 계속 예로 들어보겠습니다.

미디어에 대한 소송에 맞서려면 변호사를 선임해야 합니다. 그런데 모든 송사가 그렇지만, 실무적인 일은 대부분 당사자 즉 기자가 해요. 변호사가 해당 보도 내용, 보도 경위 등을 알고 있을 리가 없잖아요. 그래서 논리 개발이나 전체적인 소송의 전략 수립 등 거의 모든 일을 기자가 해야 합니다. 변호사는 이를 잘 숙지하고 법률용어로 바꿔 각종 서면을 작성하고, 법정에서 판사를 잘 설득하는

	원고 유형	건수	비율(%)
개인	고위 공직자	41	17.4
	공적 인물	29	12.3
	일반인	74	31.4
	소계	144	61.0
단체	언론사	16	6.8
	국가기관	3	1.3
	지자체	6	2.5
	기업	30	12.7
	공공단체	4	1.7
	종교단체	7	3.0
	시민단체	3	1.3
	교육기관	6	2.5
	일반단체	13	5.5
	정당	4	1.7
	소계	92	39.0
합계		236	100.0

[표5] 미디어의 보도에 대해 소송을 제기하는 주체를 정리해놓은 통계표(2019년, 자료: 언론중재위원회). 절반 이상이 정치·자본 권력이며 대부분이 기관·단체 등이다.

일에 전념하지요.

당시에 내가 작성했던 파일 몇 개를 살펴봤습니다. 그해 8월 28일 〈금융위원회의 반론보도 신청에 대한 불가 이유〉 작성을 시작으로 11월 26일 〈경향신문 답변서〉까지, 7년 후인 현재에도 남아 있는 파일만 7개나 되고 A4용지로 50쪽이 넘습니다. 원고지 5매짜리 중형 기사를 100개 넘게 쓸 분량입니다.

서면 자료 작성뿐 아니라, 변호사와 상의도 해야 하고 회사 내부에서 법원 대응 관련 회의도 가끔 했습니다. 즉 소송을 당한 기자는 엄청나게 시간과 에너지를 빼앗기게 됩니다. 스트레스를 받는 건 물론이고요.

승소했지만 '상처뿐인 영광'인 이유입니다. 실제로 미디어나 구성원을 위축시키려는 목적으로 소송을 제기하는 경우도 많을 것이라는 점은 어렵지 않게 짐작할 수 있습니다. 미디어가 방어에 성공해 승소하면 뭣하겠습니까. 이미 상처뿐인데요.

사실 당시에 금융위의 공세가 하도 거세니《경향신문》내부에서는 적당하게 타협하고 말자는 의견도 나왔습니다. 현행법상 정치 권력의 소송만으로도 미디어는 그 정도로 부담을 느낍니다.

독립언론인《뉴스타파》도 소송을 많이 당한 모양입니다. 7월《뉴스타파》가 내보낸〈전직 검사들의 무차별 소송 폭탄, 뉴스타파 9:0 승소〉란 기사를 보면 무더기 소송전 10건 중 9건에서 현재 이기고 있다는 관련 현황을 소개했습니다.

전승을 거두고 있으면서도 "소송 가액만 10억 원"이라며 '공포의 소송 폭탄'이라고 표현했습니다. 역시 내가 느꼈던 부담감을 똑같이 느꼈을 겁니다. 이겼지만, 이기기 위해 얼마나 많은 회의를 하고 서면을 작성했겠습니까.《뉴스타파》는 덧붙입니다.

"《뉴스타파》는 지금까지 4000만 원이 넘는 소송비용을 지출했다."

이런 현실은 언론에 대한 징벌적 손해배상제 논의에서 별로 고려되지 않는 것 같습니다. 특히 미디어에서 일하다 보면, 공직이나 공적 영역에서 소송을 제기하는 경우가 많습니다. 앞에 인용한 보고서에도 고위공직자나 공적 인물, 정당, 국가기관, 지자체, 기업 등 정치·자본 권력과 유관해 보이는 소송 제기 당사자가 절반 이상입니다. 일반인은 30% 정도뿐입니다. 그 일반인이 정말 일반인인지도 따져봐야 할 문제겠지만 말입니다.

어찌 보면 당연합니다. 미디어의 역할이 권력에 대한 감시·비판이니 권력이 소송을 제기하는 일이 많은 것입니다. 반대로 미디어가 '일반인'에 대한 기사를 쓸 일이 얼마나 될까요. 즉 언론에 대한 소송은 권력자나 그와 유사한 이들이 언론에 대응하는 수단 중 하나이지, 힘없는 개인의 피해 구제와는 상대적으로 상관없다는 게 현실입니다. 앞서 '가짜뉴스 리터러시'에서 설명했듯 이미 현행 법률에 의해 권력자든 아니든 피해 구제를 받을 수 있으며, 실제 많은 소송이 진행됐거나 진행되고 있기도 하지요.

앞으로 정치 권력이나 고위공직자나 국가기관이 미디어에 징벌적 손해배상을 청구하면 어떻게 될까요? 정답은 없습니다. 그리고 누가 승소할지도 사안마다 다를 겁니다. 다만 내가 일선 기자로서 느낀 미디어에 대한 소송 과정은, 그 결과와 상관없이 소개한 바와 같습니다.

어떤 일이 무조건 옳다거나 무조건 틀릴 수는 없겠죠. 어떤 제도든 필요하면 도입하는 것입니다. 다만 징벌적 손해배상제 논의 과정에서, 왜 모든 기자가 반대하는지, 현장의 전문가들은 어떤 문제점을 제시하는지 충분히 검토했느냐는 부분에 대해서는 의문을 제기할 수밖에 없습니다. 현장 없는 논의는 탁상공론에 불과하기 때문이지요.

지금 추진되는 징벌적 손해배상제는 미디어의 오보에 대해 손해액의 5배까지 배상하도록 하는 내용을 골자로 합니다. 하지만 오보를 두려워하게 만들면 미디어가 권력에 대한 감시·비판을 위한 특종을 할 가능성이 그만큼 낮아진다는 건 분명합니다. 1개의 오보를 피하기 위해 9개의 특종을 포기하는 선택을 하도록 만드는 것이죠.

더구나 이런 법안이 통과되면 권력, 특히 정치 권력이 미디어 관련 소송에 더욱 적극적으로 개입하고, 허위·조작인지 아닌지 판단하는 과정에서 영향력을 미칠 가능성을 열어두게 된다는 건 부인할 수 없습니다. 한규섭 서울대 언론정보학과 교수가 "최소한의 기본 전제 조건은 사법부가 정치적으로 독립적인 판단을 한다는 신뢰와 믿음"이라며, "사법부의 판단 독립 보장 장치 등이 선행돼야 할 것"이라고 강조(《서울경제》 2021년 8월 20일자 인터뷰)한 것도 같은 맥락입니다. 사법부 자체가 미디어와 대립적 관계이기도 하죠.

미디어를 겨냥한 징벌적 손해배상제는 해외에서는 유례가 없는 일로, 세계 최초입니다. 좋은 제도를 가장 빨리 만드는 것인지, 그리하여 전세계에 확산시켜 'K-언론법'으로 자리매김하도록 하려는 것인지, 아니면 선진 민주국가에서 안 하는 이유가 있는데 우리만 하려는 것인지, 알 수 없습니다. 국회 입법조사처는 "언론에 대한 징벌적 손해배상을 별도 규정한 사례는 (해외에서는) 찾지 못했다"

며, "해외 주요국의 경우 징벌적 손해배상은 특정 영역을 규제하는 법률로 명시하기보다 사실상 법원 판결에 의해 제도화했다"고 설명합니다.

퓰리처상을 받은 뉴스조차 가짜뉴스라고 공격받는 미국에서도 징벌적 손해배상은 물론 그와 비슷한 내용도 입법되지 않았습니다. 미국 수정헌법 제1조는 "언론·출판·집회의 자유를 제한하는 법률은 만들 수 없다"고 명시하고 있거든요.

독일과 프랑스 등 유럽 선진국은 미국 대선 과정에서 가짜뉴스 문제가 선거를 위협하는 문제로 떠오르자 법률을 만들어 제재에 나섰습니다. 그러나 언론이나 보도를 규제하는 게 아니라 SNS 사업자를 규제하는 내용입니다. '가짜뉴스나 혐오 발언 등을 방치하는 SNS 기업에게 최고 5000만 유로(약 600억 원)의 벌금을 부과한다'(독일)는 식입니다.

가짜뉴스가 판치는 SNS 등이 아니라 언론을 가짜뉴스 방지 명분으로 규제하려 하면, '가짜뉴스'를 방지하려는 사회적 노력에 되레 혼선을 주게 됩니다.

미디어의 제1의 사명은 권력에 대한 감시와 비판입니다. 정치권력이 미디어를 법 제도로 제약하려 하는 건 늘 있는 일이에요. 법 하나 통과된다고 미디어가 곧바로 치명타를 입지는 않을 겁니다.

중요한 건 시민들의 판단입니다. '현 상황을 종합해 고려해볼 때, 미디어들의 사명 따윈 필요 없고 오히려 사회에 해악만 된다'고 생각하면 징벌적 손해배상제 아니라 더한 것도 시행될 것이고, 미디어는 법률 때문이 아니라 여론에 의해 시장과 시민사회에서 먼저 퇴출될 겁니다.

미디어는 바쁜 시민들을 대신해 권력을 감시하고 비판하는 존재이기 때문에, 시민들이 필요 없다고 하면 없어지는 게 맞습니다. 그게 이 나라의 미래라면 그렇게 가야 할 것이고, 또 그렇게 가게 될 것입니다. 이 부분에 대해 고민해보는 것, 그게 어쩌면 현재의 한국 사회에서 가장 근본적인 미디어 리터러시일지도 모르겠습니다.

참고자료(논문·보고서 등)

〈사회과 교육 과정 속 미디어 리터러시 관련 내용 분석〉 설규주 경인교대 교수,
　　2021.6.

〈미디어 교육 경험과 미디어 리터러시가 비판적 사고 성향에 미치는 영향〉 이원섭
　　광운대 신문방송학과, 2014.9.

〈미디어 교육 경험에 따른 청소년의 뉴스 수용 양상 분석〉 양길석 가톨릭대 교수,
　　2021.1.

〈미디어 교육의 재구조화: 21세기 한국의 미디어 교육 영역 및 구성〉 양정애 한국
　　언론진흥재단 선임연구위원, 2019.11.

〈미디어 교육 활성화에 관한 법률 제정을 위한 국회 세미나〉 허경 전국미디어센터
　　협의회 이사·김양근 건국대 교수 등, 2018.5.

〈4대 재벌의 언론사 광고 지배력 분석〉 김상조 한성대 교수·민주정책연구원,
　　2015.11.

〈뉴스와 광고의 은밀한 동거: 광고주에 대한 언론의 뉴스 구성〉 임봉수·이완수 동
　　서대 교수, 이민규 중앙대 교수, 2014.4.

〈공영방송 지배구조 개선을 위한 정책 제안〉 이준웅 서울대 교수, 2018.3.

〈공영방송 지배구조의 법률적 문제점 및 개선방안에 관한 연구〉 최종선 한양대 겸
　　임교수, 2017.4.

〈언론사의 정파성 인식과 수용자의 정치 성향에 따른 편향적 매체 지각: 신문 사설
　　을 중심으로〉 송인덕 중부대 교수, 2013.8.

〈뉴스 시장의 경쟁과 미디어 편향성: 취재원 인용을 중심으로〉 최선규 명지대 교
　　수, 유수정·양성은 이화여대, 2012.6.

〈2016~2018 뉴스 이용집중도 조사보고서〉 여론집중도조사위원회, 2018.12.

〈디지털 미디어 환경 하에서 '국가기간 뉴스통신사'의 역할〉 남재일 경북대 교수·
　　최영재 한림대 교수, 2013.3.

〈성별·연령대별 유튜브 및 넷플릭스 콘텐츠 이용행태 분석〉 김청희·김남두 정보통

신정책연구원 연구위원, 2021.7.

〈유튜브 알고리즘과 확증편향〉 김인식·김자미 고려대, 2021.1.

〈유튜브 저널리즘의 시대, 전통적 저널리즘의 대응 현황과 과제〉 양선희 대전대 교수, 2020.1.

〈유튜브를 통한 식품 관련 가짜 의학 정보의 확산에 관한 사례연구: '귀 통증에 양파' 뉴스의 네트워크 분석〉 이귀옥·손승혜 세종대 교수, 정은정 한양대, 2018.12.

〈유튜브 시사정치채널 이용자의 뉴스 관점에 관한 탐색적 연구〉 유용민 인제대 교수, 2021.3.

〈법조 뉴스 생산 관행 연구-관행의 형성 요인과 실천적 해법〉 박영흠 협성대 초빙교수, 2020.5.

〈공영방송 TV 뉴스의 익명 취재원 이용-KBS 〈뉴스 9〉와 BBC 〈10시 뉴스〉의 비교 분석〉 오해정 MBC 기자(이화여대 박사과정)·김경모 연세대 교수, 2020.2.

〈매체 환경과 유권자 의식 변화에 따른 여론조사의 한계와 대안〉 이택수 리얼미터 대표, 2017.2.

〈온라인 허위정보와 뉴스 미디어〉 박아란 한국언론진흥재단 선임연구위원, 2020.11.

〈가짜뉴스(fake news)란 무엇인가?-가짜뉴스 개념과 범위에 대한 다차원적 논의〉 이완수 동서대 교수, 2018.11.

〈인터넷상 여론조작의 실태와 규제에 대한 형사법적 고찰〉 강지현 부산대학교 박사후연수연구원, 법학박사, 2019.4.

〈온라인 허위정보의 규제를 위한 접근법-허위정보의 의미와 본질, 규제 방향을 중심으로〉 이정념 숭실대 교수, 2019.5.

〈2019년도 언론관련판결 분석보고서〉 언론중재위원회, 2020.7.